Kurt Tepperwein

Sei Meister deines Lebens

Kurt Tepperwein

Sei Meister deines Lebens

Ein Übungsbuch

|||||||||||||||||| SILBERSCHNUR ||||||||||||||||||

© Verlag »Die Silberschnur« GmbH

ISBN 3-931 652-93-9

1. Auflage 2001
2. Auflage 2004

Lektorat: Silva Jelen, Herrenberg
Covergestaltung: XPresentation, Boppard
Druck: Finidr, s.r.o. Cessky Tesin

Verlag »Die Silberschnur« GmbH · Steinstraße 1 · D-56593 Güllesheim

www.silberschnur.de
e-mail: info@silberschnur.de

Inhaltsverzeichnis

Vorwort

Dieses Buch ist eine Einladung an alle Mental-Trainings-Praktiker, die den entscheidenden Schritt zum „Mental-Trainings-Meister" wagen möchten.

Der Meister in Ihnen wartet darauf, dass Sie sich erkennen und dass Sie als Meister „hervortreten", also zu Bewusstsein kommen, bei „sich selbst" ankommen, dann aber auch „angekommen leben". Auf diese Weise wird Achtsamkeit zum Lebensstil. Als Meister leben Sie ständig „aus der einen Kraft", sind angeschlossen an das „kosmische Netz" und erkennen Genialität als Ihr geistiges Erbe. Sie nehmen, indem Sie das vorliegende Buch sorgsam durcharbeiten, die phantastischen Chancen und Fähigkeiten Ihres „Denkinstrumentes" in Besitz und fangen an, den geistigen Riesen auszubilden, der Sie in Wahrheit längst sind, ohne es bisher zu wissen.

Dazu gehören die Entfaltung von „Chi" (Innere Kraft) und das Öffnen des „dritten Auges". Sie lernen, wie man das „Tor des Himmels" in sich findet und öffnet und eintritt in die Zeitlosigkeit. Sie erkennen, wie Sie Ihr Karma ein für alle Mal auflösen und von da an ohne jegliches Karma leben. Sie entbinden sich so auch vom „Rad der Wiedergeburt", und damit kann die jetzige Ihre letzte Inkarnation sein. Es sei denn, Sie kehren freiwillig zurück – als Meister, aus Liebe zu den Menschen.

Sie treten so wieder ein in die Vollmacht, lernen die geistigen Werkzeuge des Meisters kennen und nutzen und leben in und aus der

Intuition. Sie erkennen die „Wirklichkeit hinter dem Schein" und arbeiten bewusst mit der „Zeitlinie".

Ihr Leben als Meister ist von da an multi-dimensional, und Sie lassen vieles gleichzeitig „geschehen". Sie erkennen die Stille als Meister-Lehrer und erfahren die „Lehre der Leere". Als Meister leben Sie künftig „ich-los" und „unpersönlich" und befinden sich im reinen, folgenlosen Tun. Der „schlafende Gott" erwacht und damit sind Schöpfung und Schöpfer wieder identisch.

Freuen Sie sich auf die Lektüre dieses einmaligen, lebensverändernden Buches.

Herzlichst
Ihr

Kurt Tepperwein

1

Was ist ein „Mental-Trainings-Meister"?

Er macht kein Mental-Training mehr, er ist einfach „zu sich selbst" erwacht und kann damit „in der Vollmacht" *alles* „geschehen lassen". Er erkennt und nutzt das Leben als „individuellen Einweihungsweg", in dem Bewusstsein: Ich bin auserwählt, *ich selbst* zu sein.

Ein Mental-Trainings-Meister zu werden, ist der endgültige Schritt vom Opfer zum bewussten Schöpfer. Man ist dann bewusst und ständig Ursache. Dazu gehört, ununterbrochen Bewusstsein, Gedanken, Gefühle, Reden und Handeln in „Ein-Klang" zu bringen, sich resonanzfähig und magnetisch zu machen für das „ich bin" und damit für immerwährendes „stimmig sein".

Machen Sie sich bewusst, dass auch Sie ein Sender sind und *ständig* Energie einer bestimmten Schwingung aussenden. Mit dieser Schwingung ziehen Sie automatisch ganz bestimmte Ereignisse in Ihr Leben, ganz bestimmte Umstände, Situationen, vermeintliche Zufälle und Begegnungen. Aber ebenso zuverlässig schließen Sie damit andere Ereignisse und Umstände aus, auch wenn Sie sich diese noch so sehr wünschen oder sie sogar ganz dringend brauchen würden. Alles Streben, Hoffen und Wollen ist dann vergeblich. Sie haben sich schon für Resonanzen entschieden, bevor Sie sich dessen auch nur bewusst sind. Das, was Sie so verursacht haben, erleben Sie dann als Ihr Schicksal, weshalb es eigentlich „Mach-sal" heißen müsste.

Der „Realitäts-Verursacher", der das Bewusstsein auf eine bestimmte Realität richtet, sie „in Erscheinung" treten lässt und andere mögliche Realitäten zuverlässig ausschließt, ist das Selbst, die Identität, die Sie als reine Existenz gewählt haben. Die Überzeugung, die diese Identität wählt, bestimmt, welche Realität in Erscheinung tritt, und als Persönlichkeit genießen Sie, was Sie gewählt haben, oder Sie leiden darunter. Ein Meister jedoch übernimmt die volle Verantwortung für alles, was geschieht, erkennt sich selbst als Ursprung und bestimmt, was sein soll. Er gestaltet bewusst die Zukunft, seine eigene und die der anderen, also – des Ganzen.

Diese Welt braucht dringend Hilfe, und zwar *sofort, jetzt, unmittelbar*. Alle Propheten sind sich in dem Punkt einig, dass wir in die wichtigste Phase der bisherigen menschlichen Geschichte eingetreten sind. Wenn diese Geschichte weitergehen soll, müssen wir *jetzt* Wesentliches ändern, und dazu werden *alle* gebraucht.

Seit dem letzten Weltkrieg hat es beinahe zweihundert neue Kriege gegeben. Millionen Menschen sind dabei getötet worden, ebenso viele wurden verwundet, und noch viel mehr haben ihr Zuhause verloren. Viele sind bereit zur Hilfe, wissen aber nicht, wie sie allein wirksam helfen können. Deshalb möchte ich Ihnen mit dem vorliegenden Buch zeigen, wie jeder Einzelne von Ihnen mit seinem Leben die Welt ein bisschen besser machen kann. Überlegen Sie einmal, womit Sie derzeit bereits die Welt ein bisschen besser machen, als Sie sie vorgefunden haben, und überlegen Sie sich, *was Sie tun möchten und können*, um noch wirksamer mitzuhelfen.

Eine Weisheit des Buddhismus lautet, dass wir leiden, weil wir träumen, aber dass dieses Leid unnötig ist, jedoch andauert, bis und damit wir endlich aufwachen. Beim Erwachen erkennen wir, dass das, was uns leiden lässt, nur eine Illusion ist, die wir durch Erkenntnis auflösen können – und das jederzeit. Doch solange wir träumen, nehmen wir uns als Träumer nicht wahr. Der erste Schritt zum Erwachen ist daher, sich seiner selbst als Träumer bewusst zu werden.

Am Anfang aller Dinge wurde Gott sich seiner selbst bewusst. Gott schuf nicht die Welt, Gott *wurde* die Welt. Alles ist Gott, auch *Sie* selbst sind ein ungetrennter Teil des Einen, und Allmacht ist unverlierbarer Teil Ihres wahren Wesens. Ihr Auftrag ist es deshalb, in die Vollmacht zurückzukehren und davon Gebrauch zu machen – zunächst für sich selbst und dann für die Welt. Denn Wohlstand und Überfluss sind die Urnatur des Universums und deshalb unser natürlicher Zustand. Jeder Augenblick unserer Existenz ist gedacht als Freude, Glück und Erfüllung.

Um in diesen natürlichen Zustand zurückzukehren, müssen Sie sich zunächst bewusst machen, was hier eigentlich gespielt wird, und nach welchen – vor allem, nach wessen – Regeln. Sobald Sie Ihre Aufmerksamkeit darauf richten, werden Sie erkennen, dass ein Spiel läuft, das „Spiel des Lebens", und dass es in Ihrer Macht steht, die Regeln zu bestimmen. Vorausgesetzt, dass Sie erwacht sind, denn Sie können sich reich träumen oder mächtig, gesund und geachtet, es bleibt in jedem Fall ein Traum.

Wenn Sie das erkannt haben, also nicht nur mit dem Verstand wissen, könnten Sie sich fragen, *warum* dieses Spiel gespielt wird, mit welchem Ziel, und was der Sinn des Ganzen ist. Und wieder erkennen Sie, dass *Sie* Sinn und Ziel bestimmen und jederzeit ändern können. Wichtig ist dabei nur, *als wer* Sie dieses Spiel spielen, als wer Sie leben: als Mensch, Persönlichkeit, Ego, als Suchender oder als Finder. Dabei erkennen Sie auch, dass Sie Ihre Identität frei wählen können. Sie können in jede beliebige Rolle schlüpfen und erkennen irgendwann, dass die Rolle, die Sie bewusst oder unbewusst gewählt haben, bestimmt, *was* Sie erleben. Sie haben aber auch die Macht, aufzuhören eine Rolle zu spielen, denn nicht umsonst heißt es: „Solange Sie noch eine Rolle spielen, spielen Sie im Spiel des Lebens noch keine Rolle." Erst wenn Sie keine Rolle mehr spielen, spielen Sie wirklich eine Rolle. Indem Sie zu Ihrer natürlichen Meisterschaft erwachen, beenden Sie alle Rollen und leben bewusst in der Wirklichkeit.

Sie spielen im Laufe Ihres Lebens unzählige Rollen, sind Vater oder Mutter, Sohn oder Tochter, sind Schulkamerad, Berufskollege, Kegelbruder und Vereinsmitglied, aber Sie bleiben dabei immer ganz bewusst *Sie selbst*, Sie sind sich ständig bewusst, der zu sein, der alle diese Rollen spielt. Ebenso dürfen Sie nie mehr den Kontakt zu Ihrem wahren Wesen verlieren, dann werden Sie sich auch nie mehr als Opfer fühlen. Denn dann ist der Meister in Ihnen erwacht, und Sie leben von nun an als Meister. Wer die Wahrheit erkennen will, muss die Illusion aufgeben, eine Person zu sein und damit zurückkehren zu seiner wahren Identität.

Indem Sie *erwacht* Ihr Bewusstsein darauf richten, erkennen Sie auch, was Leben ist, was die Welt ist und was Realität ist. Dabei wird Ihnen bewusst, dass Sie *alles jederzeit* ändern können.

Machen Sie sich auch bewusst, welches Spiel Sie derzeit spielen und vor allem, welches Spiel Sie am liebsten spielen würden. Welches Hindernis gibt es, Ihr Lieblingsspiel zu spielen, und wann fangen Sie endlich an damit? Was sollen Inhalt und Ziel Ihres Spiels sein: Gesundheit, Macht, Besitz, Sicherheit, Freude, Erfüllung, Glück, eine harmonische Beziehung, Erkenntnis, Weisheit, Erleuchtung? Wenn Sie darüber nachdenken, werden Sie erkennen, dass das Ziel nicht *Wissen*, sondern *Sein* ist.

In der Bibel heißt es bei Moses 19,1: „Ihr sollt euch als heilig erweisen, denn ich, euer Gott, *bin* heilig." Und bei Matthäus 5,48 heißt es: „Ihr sollt vollkommen *sein*, wie der Vater im Himmel vollkommen ist." Es heißt also nicht, dass wir vollkommen *werden*, sondern *sein* sollen!

Schwierigkeiten auf diesem Weg macht die Sprache, denn sie ist als Kommunikationsmittel nur sehr unzulänglich und in diesen Bereichen nahezu unbrauchbar. Wir müssen hier beinahe von einer „Sprachlosigkeit der Sprache" sprechen. Also nehmen Sie den Inhalt dieses Buches nicht nur informativ auf, da Sie sonst nur einen Bruchteil der Aussagen erfassen, sondern nehmen Sie die Informationen „energetisch" auf. Lassen Sie sich dabei vor allem an die Wahrheit in sich erinnern, an Ihr wahres Wesen und den Meister, als der Sie von der Schöpfung „gedacht" sind. Beherzigen Sie vor allem folgenden Grundsatz: *Jede* Erkenntnis kann mich zur Vollendung führen, wenn ich konsequent in die Tiefe gehe.

Nehmen Sie jetzt einmal eine Information in Ihr Bewusstsein, die Sie schon kennen, und „entdecken" Sie *jetzt* darin etwas für Sie ganz Wichtiges oder Neues. Vollziehen Sie jede Information sofort praktisch nach.

Meister werden heißt nicht, alles aufgeben zu müssen, Familie, Beruf, Haus und vielleicht sogar nach Indien zu gehen, um sich von einem Guru in die Geheimnisse des Lebens einweihen zu lassen. Wäre dies Ihr Weg, Sie wären nicht hier, sondern in Indien geboren worden. Meister kann man überall werden, Meister über sich selbst, Meister über seinen Ärger, seinen Egoismus, Neid, seine Eitelkeit, den Stolz, Geiz und vieles mehr. Meister sein heißt, das zu tun, was man schon weiß, also das Richtige nicht nur *zu kennen*, sondern täglich *zu leben*.

Wahre Meisterschaft ist, sein *Ich* gehen zu lassen, wann und wo immer man es antrifft. Denn das Ich-Bewusstsein trennt einen Teil des Universums vom Ganzen. Erst durch die „Illusion des Ichs" wird Leben möglich: Suchen, finden, streben, hoffen, Fehler machen, Erfolg haben, heilen – das Ego als Freund und Lehrer erkennen!

Die meisten einschlägigen Bücher, Seminare und Vorträge bleiben auf der Persönlichkeitsebene, vermitteln Informationen, Erkenntnisse oder Erfahrungen. Dieses Buch verdankt seine Entstehung dem Seminar „NUR für erwachte GÖTTER". Es ist der Versuch, im Ungesagten das *Unsagbare* zu sagen.

Das Erfassen des Gesagten geht aber nicht über den Verstand, sondern nur mit dem so genannten „Musikhörbewusstsein". Solange Sie *wissen und „verstehen"* wollen, bleiben Sie im Verstand. Information ist aber nur die Verpackung des Eigentlichen. Der Inhalt ist das „verändernde Geschehen". *Wenn Sie verstehen wollen, erreichen Sie statt Erleuchtung nur Erleichterung.*

Lassen Sie einmal die folgenden Zeilen auf sich wirken:
Um anzukommen, wo du schon immer warst,
   musst du dich auf den Weg machen, den es nicht gibt.
Und das Einzige, das du sicher wissen kannst, ist,
   dass du *nichts* weißt.
Wo du glaubst zu sein, da bist du nicht, und
   was du siehst, gibt es in Wirklichkeit gar nicht,
   sonst könntest du es ja nicht sehen.
Denn alles, was wirklich ist, ist nicht sichtbar.
Erst wenn du angekommen bist, wirst du erkennen,
   dass du nie fort warst.

Wann ist also die Illusion Ihrer Suche und Reise zu Ende? Ich kann Ihnen mit diesem Buch die Tür zum Ziel öffnen, aber eintreten müssen Sie selbst. Bewusstsein ist grenzenloses Potenzial. Alles, was Sie heute noch Wunder nennen, ist tatsächlich möglich. Lernen heißt in Zukunft nicht mehr, Wissen in den Verstand zu stopfen, über etwas Gedachtes nachzudenken, sondern Zugang zur Allwissenheit zu erhalten, zu lesen im „Buch der Schöpfung" und bisher Ungedachtes zu erkennen. Mangel, Armut, Krankheit, Leid, sogar Tod sind nicht nötig. Die Reise zu sich selbst kann eine Ewigkeit dauern, oder sie endet in diesem Augenblick. Es ist Ihre Entscheidung.

Sie sind in Wirklichkeit unmanifestierte, ewige Existenz, die als reines, eigenschaftsloses Sein in Erscheinung tritt. Dieses eigenschaftslose Sein schafft sich in jeder Inkarnation aus seiner bisherigen Erfahrung und den Prägungen der Umwelt eine Persönlichkeit und nimmt dabei durch Identifikation die Eigenschaften an, die auf dem Weg der Erfahrung der eigenen Vollkommenheit hilfreich erscheinen. Diese angenommene Persönlichkeit prägt das jeweilige Werkzeug Körper, gibt ihm sein Aussehen, seinen Gesundheitszustand und sein Verhalten. Auf dem Weg zu uns selbst haben wir uns aber aus den Augen verloren. Wir haben vergessen, dass wir uns selbst suchen und haben uns Ersatzziele gesucht. Wir suchen Freude, Glück und Erfüllung. Wir identifizieren uns mit der Illusion des Ichs und halten daran fest, weil wir glauben, dass dort alles zu finden ist. Das aber ist die eigentliche Illusion.

Alle Probleme dieser Welt entstehen aus der Illusion des Ichs. Nur ein „Ich" hat Probleme, das Selbst kennt keine Probleme. Dieses „Ich" bestimmt durch seine Identifikation damit auch sein Schicksal, seinen Erfolg und alle Lebensumstände. Sobald Sie erkennen, dass das Leben in der Illusion des Ichs *nie* Erfüllung, aber *immer* Leid bringt, sollten Sie schleunigst in die Wirklichkeit des Selbstes zurückkehren, denn nur dort können Sie Erfüllung finden, nur dort ist Fülle, Heilsein und Vollkommenheit, nur dort ist das wahre Leben.

Daher ist es Zeit, aufzuwachen aus der Illusion und zu erkennen: „Ich bin am Ziel, ich war schon immer am Ziel, denn ich *bin* das Ziel." Der Suchende ist der Gesuchte. Sie sind seit jeher „angekommen", Sie brauchen nur aus dem Bewusstsein des Angekommen-Seins zu leben und zu erkennen, dass nur die Identifikation mit der Illusion Sie von einem Leben in der Fülle trennt, Ihrem eigentlichen

Leben. Jeder Mangel, jede Krankheit, jedes Un-Heil ist ein Teil der Illusion des Ich. Sobald Sie Ihre Identifikation mit dem Ich auflösen, endet alles Leid. Das Leben in der Wirklichkeit kann dann jederzeit beginnen.

Welche Ausrede haben Sie, sich weiter damit zu bestrafen, in der Illusion des Ich zu leben und damit Mangel und Leid zu verursachen? Lassen Sie all das hinter sich, und treten Sie heraus aus Ihrem selbstverursachten Gefängnis.

Vieles, was Sie wissen, was Sie sind und was es gibt, wissen Sie von anderen, nicht von sich aus. Zur Wirklichkeit gelangen Sie aber nur, indem Sie alles Unwirkliche weglassen, loslassen, Ihren Körper, Ihr Ego, Ihre Persönlichkeit, Ihr Gemüt, Ihr Unterbewusstsein, Ihren Namen, Ihre Rolle, Ihre Maske, Ihre Verhaltensweise, Ihre Vergangenheit. Aber auch das Ich-Bewusstsein ist nur Philosophie, kommt also von außen. Das alles ist keine Wirklichkeit und hält Sie nur im Kopf, im Verstand gefangen. Haben Sie das alles aber wirklich losgelassen, sind Sie leer von allem Unwirklichen. Und was bleibt, ist die reine Wirklichkeit, die Leere, das *Nichts*.

Sie spüren dann nur, dass Sie existieren, aber nicht mehr *als etwas*, sondern als *ich bin!* Sie erkennen alles Sein, alles, was ist, als Projektion. Es ist in Erscheinung getreten, aber die Wirklichkeit steht dahinter. Das *Nichts* kann so nicht in Erscheinung treten, es wäre wieder nur *nichts*. Es muss eine Absicht dahinter stecken, ein Dia, das dann in Erscheinung tritt. Diese Absicht erleben Sie als Ihr Leben, als Sie selbst, aber es bleibt eine Projektion. Nehmen Sie das Dia, die Absicht aber heraus, bleibt die reine Wirklichkeit, die Leere, das Nichts, das allumfassende Potenzial.

Aber auch wenn Sie als Meister leben *wollen*, ist das eine Projektion. Sie sind kein Meister, Sie sind das *Nichts*, das als Meister in

Erscheinung tritt, als Meister lebt. Dann haben Sie zwar bestimmte Meisterqualitäten wie liebevoll und verständnisvoll sein, gütig und hilfreich sein und vieles mehr. Sie können sich auch bestimmte Fähigkeiten und Kräfte zulegen wie Levitation, Bilokation, geistiges Heilen, Unsterblichkeit, Unsichtbarkeit usw. Aber das alles ist schon wieder die Ebene der Erscheinung. Leben als Meister heißt deshalb, als Meister in Erscheinung zu treten, und dann werden Sie Ihre Fähigkeiten als Meister ausweisen. Der wahre Meister dagegen ist eigenschaftslos, formlos, nicht in Erscheinung getreten, reines Sein, Leere und *Nichts*. Er legt keinen Film ein, sondern lebt als Wirklichkeit. Das verändert natürlich auch seinen Körper, der ja noch Teil eines Filmes ist, also eine Projektion. Die hohe Schwingung kann dem Körper einige Schwierigkeiten machen, ihn vielleicht sogar überfordern. Erst wenn der Mensch schon als wahrer Meister inkarniert, wählt er einen Körper, der seiner Schwingung entspricht. Die Frage: Wer bin ich, ist dann unsinnig geworden, weil wir nicht mehr *wer* sind, sondern das „*ich bin*" verkörpern, das ist alles ....

Ein einfaches Beispiel des alltäglichen Lebens belegt eindrucksvoll die Kraft primär „gelernter" Realität. Die meisten Leser werden mit dem Begriff PS als Einheit für die Motorleistung vertraut sein. Zur Vereinheitlichung von Maßangaben wird seit einigen Jahren die Kraft in KW dokumentiert, was dem „PS-Denker" deutliche Umsetzungsschwierigkeiten bereitet. Jeder, der bisher mit dieser Maßeinheit umgegangen ist, wird umrechnen müssen, bevor sein Gefühl einen Bezug zur Leistungsangabe eines Fahrzeugs aufnehmen kann. Das Gleiche gilt aber auch für alle verinnerlichten Maßangaben (Meter, Zoll, Liter, etc.), letztlich für das gesamte akzeptierte Wertesystem (Moral, Ethik).

Befassen wir uns einmal mit dem Begriff „Identifikation". Die erste und wichtigste Frage ist: „Wer bin ich?" Als wen empfinde ich mich? Als wer lebe ich? Die größte Entdeckung, die Sie in einem

Leben machen können, ist zu entdecken, wer Sie sind. – Wer sind Sie wirklich? Zu erkennen, Sie haben einen Körper, aber Sie sind nicht der Körper. Sie haben einen Verstand, ein Gemüt, ein Ego, eine Persönlichkeit usw. Aber das alles *sind Sie nicht!* Es ist deshalb ungeheuer wichtig, sich seine verschiedenen Aspekte bewusst zu machen und zu klären: Mit wem identifiziere ich mich?

Wenn Sie in den Spiegel schauen, sehen Sie einen Körper und können sagen: „Das ist mein Körper." Wer aber sagt das? Der Körper kann sich ja nicht selbst gehören. Es muss also jemand in diesem Körper sein, der sagt: „Das ist mein Körper." Der Körper ist Materie. Materie kann nicht denken, kann nicht fühlen, kann sich nicht erinnern, das alles kann nur das Bewusstsein. Sie aber können denken, fühlen und sich erinnern, haben Sehnsucht nach Ihrer eigenen Vollkommenheit. Also *sind Sie Bewusstsein.* Sie sind nicht der Körper, nicht der Verstand, nicht das Gemüt und auch nicht das Unterbewusstsein, sind nicht der Name, den Sie tragen und auch nicht die Rolle, die Sie spielen. Sie sind vollkommenes, unsterbliches Bewusstsein. Sie sind ein Teil des einen, allumfassenden Bewusstseins. „Ich war immer und werde immer sein, denn *ich bin!* Ich komme aus der Einheit und bin auf dem Weg über die Vielfalt zurück zur Einheit."

Sie sind Bewusstsein, ein „Individuum", ein untrennbarer Teil des *einen Bewusstseins,* das wir Gott nennen. Sie werden weder geboren noch können Sie alt werden oder sterben. Das alles sind Erfahrungen des Körpers, Sie aber sind, waren immer und werden immer sein. Diese Erkenntnis führt zur Ehrfurcht vor sich selbst. Nachdem Sie erkannt haben, wer Sie sind, müssen Sie sich natürlich fragen: „Warum bin ich?" und „Warum bin ich so, wie ich bin?" „Warum bin ich hier?" „Was ist meine Aufgabe und wie erfülle ich sie?"

Stellen Sie sich einmal einen Schwan auf einem See vor. Wie beschreiben Sie ihn? Stellen Sie sich denselben Schwan an Land vor.

Wie beschreiben Sie diesen? Spinnen wir den Faden weiter: Ein Schwan an Land begegnet einem Hasen und erkennt, dass er nicht so schnell laufen kann wie dieser. Dann sieht er einen Affen und muss erkennen, dass er nicht so flink klettern kann wie dieser, eigentlich gar nicht. Und schließlich begegnet er einem Bären und muss erkennen, dass er nicht so stark ist wie ein Bär. Er erkennt also seine vermeintlichen Schwächen und übt. Das Ergebnis aber ist Frustration, denn mit aller Anstrengung wird er es nicht schaffen, die Fähigkeiten all dieser Tiere, denen er begegnet ist und denen er nacheifert, zu erlangen.

Wo aber liegt sein tatsächliches Problem? Darin, dass er diese Fähigkeiten niemals erlangen kann? Natürlich nicht, sein Problem liegt darin, dass er seine Stärken vergessen hat, also sich selbst, seine Einmaligkeit als Schwan. *Leben Sie Ihre Einmaligkeit, seien Sie ein Original, seien Sie Sie selbst, und versuchen Sie nicht, ein anderer zu sein oder zu werden.*

2

Loslassen können

Was immer man erreichen will, man muss zuvor etwas loslassen. Wenn Sie von einem IST-Zustand in einen SOLL-Zustand gelangen wollen, dann müssen Sie den IST-Zustand zuvor loslassen, sonst kann sich nichts verändern. Um etwas loslassen zu können, müssen Sie aber zuvor anerkennen, dass es so ist wie es ist, Sie müssen zuerst einmal den IST-Zustand *akzeptieren*. Denn solange Sie gegen den IST-Zustand sind, kämpfen Sie gegen die Wirklichkeit. Was *jetzt* ist, kann niemand ändern, es *ist* ganz einfach, ist Realität. Akzeptieren Sie aber, was *jetzt* ist, akzeptieren Sie die Realität, so können Sie bestimmen, was werden soll.

Ein anderes Beispiel: Sie zielen mit einem Bogen auf eine Scheibe. Sie müssen zuerst den Bogen spannen (Energie einsetzen), Sie müssen zielen (Intelligenz einsetzen), und Sie müssen schließlich LOSLASSEN, sonst kann der Pfeil sein Ziel nie erreichen. Sie meinen, das weiß doch jeder? Wenn es wirklich jeder weiß, warum tun die Menschen es dann im täglichen Leben nicht? Was passiert denn, wenn Sie einem „normalen" Menschen sagen, um sein Ziel zu erreichen, müsse er es zuvor loslassen? Er wird Sie garantiert für verrückt halten! Aber es ist wirklich so: Solange Sie versuchen, etwas mit Mühe zu erreichen, solange wächst der Widerstand. Erst wenn Sie loslassen, geschehen lassen, öffnen sich die „Tore des Gelingens".

In Südindien wendet man eine einfache Falle an, um Affen zu fangen. Man befestigt eine ausgehöhlte Kokosnuss, mit einem Loch in der Schale, an einem Baum, sodass die Affen sie sehen können. Dann legt man einen Leckerbissen für den Affen hinein und geht weg, lässt also los. Der Affe, neugierig, kommt sofort, greift in die Kokosnuss und will den Leckerbissen herausholen. Die volle Hand kann er aber nicht aus dem Loch herausziehen – und sitzt in der Falle. Nach diesem einfachen Prinzip funktionieren eigentlich alle bekannten Tierfallen. Und was tun wir Menschen? Auch wir wollen im Leben etwas haben und sitzen prompt in der Falle des Egos. Und weil das Ego nicht loslassen will, sitzen wir fest. Wir bräuchten nur loszulassen und wären frei. Denn erst wenn wir das „Habenwollen" loslassen, sind wir frei vom Ego, frei für uns SELBST.

Das Leben in der äußeren Welt verlangt von uns ständig, zuzupacken und festzuhalten. Unser inneres Sein aber erreichen wir nur, wenn wir lernen, loszulassen und freizugeben. Wenn der Bauer die Saat nicht loslässt, wird er keine Ernte bekommen. Es beginnt damit, dass wir unsere negativen Gedanken loslassen, unsere Ängste und Sorgen, unsere Einbildungen wie „ich kann das nicht", „ich bin zu schwach, zu klein, zu krank" und dergleichen. Aber lassen wir auch falsche Vorstellungen und Irrtümer los, Denkgewohnheiten und Vorurteile, denn das Leben ist immer wieder neu, und jede Erfahrung stammt immer aus der Vergangenheit, ist also längst überholt, nicht mehr aktuell.

Wer loslässt, wird frei, und sein Bewusstsein beginnt sich zu erheben. Dazu gehört auch die Befreiung vom Besitzdenken, denn jeder Besitz ist Illusion. Wir sind nackt gekommen und werden nackt gehen, alles dazwischen ist eine vorübergehende Leihgabe des Lebens. Lösen Sie sich also von der Illusion „mein Partner, mein Haus, meine Kinder, mein Auto, mein Beruf" und dergleichen. Trennen Sie sich von jeglichem besitzergreifenden Denken, und erinnern Sie sich an die Weisheit: „Das letzte Hemd hat keine Taschen."

Loslassen müssen Sie aber auch alle Wünsche und Begierden und damit alle Abhängigkeiten. Lassen Sie los. Jede Partnerschaft kann aufblühen, wenn Sie sich von der Illusion gelöst haben, dass

Ihr Partner IHR Partner, also Ihr Eigentum ist. Sie sind sich begegnet und werden sich wieder trennen, wenn sich die Möglichkeiten der Partnerschaft erfüllt haben oder wenn sie nicht mehr zu erfüllen sind. Auch Ihre Kinder sind nicht IHRE Kinder, Ihr Eigentum, sondern Wesen, die sich Ihnen für eine Zeit anvertraut haben, in der sie Ihre Hilfe brauchen, zu sich selbst zu erwachen. Und so ist auch Erziehung in Wirklichkeit nur das Abenteuer herauszufinden, wer der andere ist, und ihm zu helfen, sich zu erkennen. Ihn an sich zu erinnern. Was wir lieben, aber auch was wir hassen, wird für immer bindend sein. Nur von dem, was wir loslassen, können wir uns selbst befreien.

3

Meisterschaft

Wir verwenden den Begriff „Meisterschaft" normalerweise in einem sehr begrenzten Sinn. Im Sport kennen wir Landesmeister, Regional-, Europa- und Weltmeister, Meister eines meist sehr begrenzten Zeitraumes, denn eines Tages gibt es einen neuen Meister, und der bisherige gerät in Vergessenheit. Er ist dann kein Meister mehr, obwohl er vielleicht besser war als sein Nachfolger. Wir kennen Bäckermeister, Schreinermeister, Malermeister und viele weitere Handwerks- und Industriemeister. Aber niemand wird ernsthaft glauben, dass einer dieser Meister auch nur annähernd sein Fachgebiet wirklich absolut vollkommen beherrscht. Unbewusst glauben wir vielleicht, dass Meisterschaft die Vollkommenheit einer Tätigkeit sei, aber ebenso kennen wir etwa die vollkommene Entspannung und Ruhe eines schlafenden Kindes und erkennen, dass Vollkommenheit eine Qualität des Bewusstseins ist, die auch auftreten kann, wenn wir ruhen. Wir beneiden vielleicht jemanden um seine Ruhe, seine Selbstsicherheit oder worum auch immer, weil wir uns unfähig sehen, diesen Aspekt in uns zu verwirklichen. Alles Lernen ist die Erfahrung, etwas „Neues" immer vollkommener auszuführen. Dabei erleben wir, dass eine solche Erfahrung immer nur im JETZT möglich ist. Alle Meisterschaft liegt also immer im JETZT. Je mehr es Ihnen also gelingt, im JETZT zu sein, desto vollkommener wird Ihr Tun.

Sie können es gleich einmal praktisch versuchen: Gestatten Sie doch einmal Ihrer Zunge, sich vollkommen zu entspannen. Lassen Sie sie einfach los, und schauen Sie, was geschieht. Ganz gleich, wie gut Ihnen das Experiment gelingt, es bringt Sie ins JETZT. In diesen Augenblick, dorthin, wo das Leben stattfindet, und nur dort können

Sie sich selbst begegnen, denn Sie selbst sind immer im JETZT. Nur in diesem Augenblick können Sie wahre Meisterschaft austragen. Das JETZT ist immer bereit.

So können Sie auch nur im JETZT Erleuchtung erlangen. Sie können weder vorher noch nachher Erleuchtung erlangen. Jede Erfahrung ist immer nur JETZT möglich. Wenn Sie vollkommen im JETZT ankommen, sind Sie erleuchtet – gleich JETZT. Machen Sie sich bewusst: Alles ist als Möglichkeit schon vorhanden, Sie brauchen es nur „in Erscheinung zu rufen". Entweder das, was Sie „wollen" oder – besser – das, was „stimmt". Sie hören dann endlich auf, erleuchtet werden zu wollen, sondern „erinnern" sich, dass Sie seit jeher erleuchtet SIND! Was Sie sind, können Sie nicht werden, Sie können sich nur endlich wieder daran erinnern. Aber nicht dies zu wissen ist Erleuchtung, sondern dies zu SEIN. Dazu braucht es keine Technik, keinen Weg und keine Schritte. Erst wenn Sie aufhören ideal zu sein, sind Sie auf dem Weg, ideal zu SEIN.

Doch selbst Erleuchtung ist kein Ziel, sondern nur ein Anfang. Wenn das aber erst der Anfang ist, was ist dann das Ziel? Die Antwort ist einfach: Das Ziel ist es, ZU SEIN, das Ziel ist der ICH BIN. Und da Sie das schon sind, können Sie das Ziel nicht mehr verfehlen, Sie sind die ganze Zeit schon am Ziel! Deshalb lassen Sie uns mit dem Ende beginnen: Stellen Sie sich vor, Sie SIND im Meisterbewusstsein. Sie lesen dieses Buch als Meister. Sie „er-innern" sich wieder an Ihr *wahres* Sein und lesen das Buch als SIE SELBST. Der Inhalt dieses Buches dient nur dem einen Zweck, nämlich Sie, den Leser, an Ihr Selbst zu er-innern.

Alles, von dem wir denken, dass es uns ausmacht, dass es unser ureigenstes Ich sei, trennt uns in Wirklichkeit von UNS SELBST. Was in Ihnen will, ist das ICH, und Habenwollen zeigt, dass das Ich noch auf der Ebene der Illusionen lebt. Denn Besitz ist Illusion. Wenn

Sie sich auf die Erde setzen, dann „besitzen" Sie sie, aber sie gehört Ihnen nicht, denn die Erde gehört nur sich selbst.

Jesus hat uns das Geheimnis des richtigen Wollens gezeigt, aber wenige haben es verstanden. Er hat gesagt: Dein Wille geschehe. Er sagte nicht: Ich tue Deinen Willen. Denn Sein braucht kein Wollen und kein Tun, Sein geschieht – das Leben geschieht.

4

Wunder der Existenz

Haben Sie sich schon einmal Gedanken über das „Wunder der Existenz" gemacht? Alles, was ist, ist „in Erscheinung getretene Wirkung" und hat eine Ursache, es ist nicht wirklich existent, und es vergeht wieder. Auch die Ursache der Wirkung hat eine Ursache, aber nur die „Ursache der Ursachen", die EINE KRAFT, ist wirklich existent, das ICH BIN ist, es kann nie vergehen. Das ICH BIN ist wirklich existent – es ist ewig.

Wir alle *sind*, denn die EINE KRAFT hat sich uns mitgeteilt, hat sich mit uns geteilt, hat uns Existenz gegeben. Ich bin wirklich existent, denn ICH BIN ist existent, ist *Existenz*. Das ist schwer zu begreifen, aber Sie sind wirklich existent, sind ein Teil der einen Ursache allen Seins.

Hören Sie auch auf zu glauben, dass irgendetwas Zeit braucht. Es braucht alles nur soviel Zeit, wie SIE glauben, dass es Zeit braucht. Alles ist JETZT, in diesem Augenblick möglich, alles ist bereits verwirklicht, Sie brauchen es nur in Erscheinung zu rufen, und im gleichen Moment ist es auch schon verwirklicht. Aber das ist NUR JETZT möglich, und irgendwann ist immer JETZT, warum nicht JETZT?

Wir leben in zwei Welten gleichzeitig: in der inneren Welt der Gedanken und Ursachen und der äußeren Welt der Menschen, Dinge, Ereignisse, Wirkungen. Bisher benutzten wir die innere Welt als Spiegel und reagierten damit auf die äußeren Ereignisse, indem wir uns ärgerten oder freuten. Als Meister nehmen wir jedoch die äußere Welt als Spiegel zur Kontrolle der verursachten Wirkungen und reagieren innen mit den entsprechenden Änderungen.

Schauen wir noch einmal zurück, wie dieses Leben begann: Zuerst komme ich in diese Welt und muss lernen, mit dieser Welt zurechtzukommen, ich muss lernen zu überleben. Damit sind die meisten Menschen ein Leben lang beschäftigt und kommen vor lauter Überleben gar nicht zum eigentlichen Leben. Ich lerne mich anzupassen, lerne, was ich tun muss, werde zum Macher.

Dann lerne ich den Weg der Gesundheit kennen, den Weg des Heilwerdens. Lerne das Symptom als „Botschaft des Körpers" zu erkennen und zu nutzen. Erkenne in den Lebensumständen die „Sprache des Lebens", mit der mir das Leben mein selbst geschaffenes Schicksal sichtbar macht. Damit komme ich auf den Weg des Wissens. Ich lerne die Macht des Wissens kennen und nutzen. Schließlich gelange ich vom Wissen über Erkenntnisse und Erfahrungen zur Weisheit. Und durch die Weisheit komme ich immer mehr zu Bewusstsein.

Dann beginnt die Ebene des Seins. Bewusstsein, Liebe und Seele verschmelzen zum SEIN. Die Stille wird mein Lehrer. Ich beginne im „Buch der Schöpfung" zu lesen, und irgendwann erkenne ich mich als NICHTS, lebe als NICHTS aus dem NICHTS. Ich will auch nicht mehr erleuchtet oder heilig werden, denn ich weiß, nur JEMAND kann erleuchtet oder heilig sein. Auch Hellsehen, Astralwandern, Levitation, Bilokation usw. interessieren mich dann nicht mehr, wozu sollte das auch gut sein? Denn all das setzt einen JEMAND voraus, der es kann oder tut.

Meister Eckehart sagt: Der Mensch soll nichts suchen, weder Erkenntnis, Wissen, Innerlichkeit noch Ruhe, sondern einzig den Willen Gottes. Er soll Gott lieben, wie er ist, einen Nicht-Gott, eine Nicht-Person, einen Nicht-Geist, ein Nicht-Bild, ein lauteres, klares Etwas, abgesondert von aller Zweiheit. Und in diesem Einen soll er ewig versinken.

Anscheinend gibt es zwei Arten von Menschen: diejenigen, die bewusst die Weisheit in sich entwickeln, und die anderen, die das nicht tun. Machen wir uns bewusst: Weisheit ist nichts, was mit den Jahren von selbst kommt, sondern sie ist eine Qualität des Bewusstseins, die nur bei denen in Erscheinung tritt, die sie regelmäßig pflegen.

Meisterschaft besteht auch nicht in umfangreichem Wissen, sondern sie besteht aus den Schritten, die man tut. Und der weiteste Weg beginnt bekanntlich mit dem ersten Schritt. Dabei ist in Wirklichkeit alles ganz einfach. Nur der Verstand, das Gemüt und das Ego machen es SCHEINBAR schwierig. Sobald wir in die Identifikation mit uns selbst zurückkehren, verschwinden alle Probleme, Wünsche, Ziele und Fragen, und was bleibt, ist das EINE – das ICH BIN! Es ist der direkteste Weg zu sich selbst, aber nicht unbedingt auch der leichteste. Doch es wird Zeit, dass wir uns endlich einmal um uns selbst kümmern und dafür sorgen, dass wir bei uns in guten Händen sind. Dazu gehört die „spirituelle Abnabelung" von Mami, Papi, dem Inneren Meister und letztlich auch von Gott, indem wir selbst die Verantwortung für uns und unser Leben übernehmen und lernen, unser Leben wirklich „zu führen".

Jesus hat gesagt: „Ihr sollt vollkommen sein, wie der Vater im Himmel vollkommen ist." Er hat nicht gesagt, dass wir vollkommen WERDEN sollen. Offensichtlich wollte er uns daran erinnern, dass wir von unserem wahren Wesen her immer schon vollkommen waren und dass es Zeit wird, diese innere Vollkommenheit immer vollkommener im Außen zum Ausdruck zu bringen und sie zu leben. Es wird Zeit, dass wir uns „die Krone aufsetzen". Das heißt nicht, sich etwas einzubilden, sondern sein „Kronen-Chakra" zu aktivieren und aus diesem Bewusstsein heraus zu leben.

Ein Sufi-Wort sagt: „Werde der, der du warst, bevor du warst, mit der Erinnerung und dem Verständnis dessen, der du geworden bist."

Solange wir suchen, ganz gleich wonach, sind wir durch das Ziel dieser Suche gebunden. Solange wir suchen, befinden wir uns nur auf einem Schaufensterbummel.

Was Sie wirklich suchen, sind SIE SELBST. Aber wohin Sie auch schauen, wo Sie auch suchen mögen, im Außen können Sie sich nicht finden. Erkennen Sie also zunächst, dass *der Suchende der Gesuchte ist* und dass es kein anderes Ziel gibt, als sich selbst zu finden. Da Sie aber SIE SELBST sind, immer waren und immer sein werden, gibt es in Wirklichkeit nichts zu suchen, Sie sind am Ziel, ja Sie SIND DAS ZIEL. Die Suche ist zu Ende, Sie können anfangen zu leben.

Suchen Sie auch nicht nach einem Weg, denn zur Wahrheit führt kein Weg, weil Wahrheit etwas Lebendiges ist. Wege führen lediglich zu Kirchen, Moscheen, Tempeln, Wege können auch zu Lehrern, zu Wissen, vielleicht sogar zu Erkenntnissen führen – aber nur um zu erkennen, dass alles Wissen bereits in Ihnen ist und darauf wartet, dass Sie sich „er-innern". Zu sich selbst aber führt kein Weg. Hilfreich kann sein, alles zu vergessen, was man über sich weiß, denn das alles betrifft Sie gar nicht, sondern nur Ihre Persönlichkeit. Erkennen Sie, dass Sie über SICH SELBST noch gar nichts wissen, und „entdecken" Sie sich. Machen Sie sich bewusst, dass man Erkenntnisse, Freiheit oder Erleuchtung usw. nicht gewinnen, erreichen, erarbeiten, ermeditieren kann und auch gar nicht braucht, denn all das haben wir nie verloren. Es gibt nichts zu tun, als nur die Folgen des Tuns zu beseitigen, die uns unglücklich, „unheil", gemacht haben. Wann immer Sie etwas tun, ist das EGO im Spiel. Vergangenheit, Gedächtnis, Nachdenken sind EGO. Solange aber das EGO da ist, ist auch Schicksal da.

Spiritualität ist nicht dazu da, irgendetwas zu ändern, sondern zu erkennen, was IST. Nichts ändert sich, indem Sie etwas TUN. Worauf es ankommt, ist zu SEIN, spontane Aktivität, die aus dem Sein kommt, die sich aus sich selbst erfüllt.

Wer ist es denn, der meditiert, hilft, heilt, der Erfolg haben will und vorwärts kommen möchte, der geliebt werden will und lieben will, der erleuchtet sein will, der sagt, dass er nicht erleuchtet ist? Das alles ist nur das Ego, und es hat Recht, es ist nicht erleuchtet, es ist krank, unglücklich, unheil. Sie aber sind vollkommen, Sie können es nicht ändern, aber vergessen.

5

Das Spiel des Lebens

Es gibt mindestens zwei Arten von Spielen. Die einen könnte man endliche Spiele, die anderen unendliche Spiele nennen. Ein endliches Spiel spielt man, um zu gewinnen, ein unendliches, um immer weiterzuspielen und sich am Spiel zu erfreuen. Verlust oder Gewinn sind beim unendlichen Spiel gleichwertig.

Es gibt kein endliches Spiel, wenn die Spieler sich nicht freiwillig zum Spielen entschlossen haben. Man kann nicht spielen, wenn man dazu gezwungen wird. Es ist ein unabänderlicher Grundsatz aller endlichen Spiele, dass jeder Spieler freiwillig spielen soll. Wer spielen MUSS, kann nicht spielen.

In einer, aber nur in einer einzigen Hinsicht ist ein unendliches Spiel mit einem endlichen Spiel identisch: Von unendlichen Spielern kann man ebenfalls sagen, dass sie freiwillig spielen müssen, denn gezwungenermaßen können auch sie nicht spielen. Im Übrigen bilden unendliche und endliche Spiele den denkbar größten Gegensatz: Unendliche Spieler können nicht sagen, wann ihr Spiel begonnen hat, und es interessiert sie auch nicht. Ihr Spiel ist ja zeitlich nicht begrenzt. Es verfolgt tatsächlich nur ein Ziel, nämlich das Ende des Spiels zu verhindern, das Spiel am Leben zu erhalten.

Es ist gleichfalls unmöglich zu sagen, auf welche Art ein unendliches Spiel gespielt wird, denn innerhalb eines unendlichen Spiels kann es beliebig viele Möglichkeiten geben. Für endliche Spieler sind die Gewinne und Verluste, für unendliche Spieler lediglich Momente innerhalb eines fortwährenden Spiels von Bedeutung. Dabei sollte man aber im endlichen Spiel nicht das eigentliche, unendliche Spiel vergessen. Die Regeln müssen vor dem endlichen Spiel bekannt gegeben werden, und die Spieler müssen ihnen zustimmen, bevor das Spiel beginnt.

Daraus folgt etwas für alle endlichen Spiele sehr Bedeutsames: Die anzuwendenden Regeln leiten ihre Geltung letzten Endes aus der Zustimmung der Spieler her. Wenn die Regeln eines endlichen Spiels für dieses Spiel spezifisch sind, dann ist klar, dass die Regeln sich nicht im Laufe des Spiels ändern dürfen. Hierin besteht der entscheidende Unterschied zwischen endlichen und unendlichen Spielen: Die Regeln eines unendlichen Spiels *müssen* sich im Laufe des Spiels ändern.

Theoretisch versteht es sich zwar von selbst, dass jeder, der ein endliches Spiel spielt, dies freiwillig tut, doch oft genug sind endliche Spieler sich dieser absoluten Freiheit nicht bewusst und glauben schließlich, sie müssten das tun, was sie tun. Das kann verschiedene Gründe haben: Es geht darum, Regeln zu erfinden, nach denen die Spieler das Spiel fortsetzen können, indem sie diese Grenzen – und sei das selbst der Tod – in das Spiel einbeziehen. In diesem Sinne ist das Spiel unendlich. Das bedeutet, dass gegen ein unendliches Spiel keine Beschränkung errichtet werden kann. Da Grenzen in das Spiel einbezogen werden, kann das Spiel selbst nicht begrenzt werden. Endliche Spieler spielen also innerhalb von Grenzen, unendliche Spieler spielen ohne jegliche Grenzen, ohne Begrenzungen.

Und schließlich: Endliche Spiele spielt man, um sie zu gewinnen, und diesem Ziel dient jeder Zug, den ein Spieler in einem solchen Spiel tut. Alles, was er tut und was nicht diesem Ziel dient, gehört nicht zum Spiel. Da endliche Spieler ständig den Fortgang des Wettkampfes im Auge haben, können sie schließlich zu der Ansicht gelangen, jeder Zug, den sie tun, sei zwangsläufig.

Spielerisch zu sein heißt nicht, oberflächlich oder unernst zu sein oder sich so zu verhalten, als würde nichts Folgenreiches geschehen. Im Gegenteil: Wenn wir spielerisch miteinander umgehen, verhalten wir uns zueinander als freie Menschen, und die Beziehung ist offen für Überraschungen, alles was geschieht, ist folgenreich. Tatsächlich ist es die Ernsthaftigkeit, die sich gegen Folgerungen verschließt, denn die Ernsthaftigkeit verträgt nicht das Unvorhersehbare der offenen Möglichkeit. Spielerisch sein heißt, Möglichkeiten zuzulassen, egal, was für einen selbst dabei herauskommt.

Dass ein endliches Spiel zeitweilig dramatisch ist, kommt daher, dass jeder Spieler bestrebt ist, das Drama für sich dadurch auszuschalten, indem er ein von ihm bevorzugtes Ende unausweichlich macht. Es ist der Wunsch aller endlichen Spieler, Meisterspieler zu sein, sich so perfekt auf ihr Spiel zu verstehen, dass nichts sie überraschen kann, so perfekt geübt zu sein, dass jeder Zug von Anfang an vorhersehbar ist. Ein echter Meisterspieler spielt so, als wäre das Spiel schon Vergangenheit, nach einem Skript, das er in allen Einzelheiten kennt, noch ehe das Spiel stattgefunden hat.

Anders die unendlichen Spieler, die ihr Spiel fortsetzen in der Erwartung, überrascht zu werden. Wenn mit keiner Überraschung mehr zu rechnen ist, erstirbt jegliches Spiel. Da unendliche Spieler sich darauf gefasst machen, von der Zukunft überrascht zu werden, spielen sie mit völliger Offenheit – Offenheit nicht im Sinne von Aufrichtigkeit, sondern von Verwundbarkeit. Was sie exponieren, ist nicht die unwandelbare Identität, das wahre Selbst, wie es seit jeher existiert hat, sondern das unablässig Wachsende, das dynamische Selbst, das erst noch werden soll. Der unendliche Spieler rechnet damit, dass die Überraschung ihn nicht nur amüsiert, sondern auch verwandelt.

Ein endliches Spiel kann viele Male gespielt werden, aber jedes Mal, wenn es gespielt wird, ist es einzigartig. Dasselbe Spiel kann kein zweites Mal gespielt werden, es ist stets ein neues, anderes Spiel. Unendliche Spieler sterben. Da die Grenzen des Todes stets Teil des Spiels sind, stirbt der unendliche Spieler nicht am Ende des Spiels, sondern während des Spiels. Der Tod eines unendlichen Spielers ist dramatisch. Er bedeutet nicht, dass das Spiel mit dem Tod zu einem Ende kommt, im Gegenteil: Unendliche Spieler setzen ihren Tod als eine Möglichkeit ein, das Spiel fortzusetzen. Aus diesem Grunde spielen sie nicht um ihr eigenes Leben, sondern sie leben für ihr eigenes Spiel. Während der endliche Spieler um Unsterblichkeit spielt, spielt der unendliche Spieler als Sterblicher, denn im unendlichen Spiel entscheidet man sich dafür, sterblich zu sein. Das endliche *Spiel um das Leben* ist etwas Ernstes; das unendliche *Spiel des Lebens* ist etwas Fröhliches, das unendliche Spiel ist ständig von Lachen erfüllt. Es ist nicht ein Lachen über andere, die an ein unerwartetes Ende gelangt sind, nachdem sie geglaubt hatten, in eine andere Richtung zu gehen. Es ist ein Lachen mit anderen, mit denen zusammen wir entdeckt haben, dass das Ende, an das wir zu gelangen glaubten, sich unverhofft öffnete. Wir lachen nicht über das, was überraschend für andere unmöglich geworden ist, sondern über das, was überraschend mit anderen möglich geworden ist. Da Macht durch das Ergebnis eines Spiels bestimmt wird, gewinnt man nicht dadurch, dass man mächtig ist, sondern man gewinnt vielmehr, um mächtig zu werden. Wenn man so viel Macht besitzt, dass man schon vor Beginn des Spiels gewonnen hat, dann ist das, was folgt überhaupt kein Spiel.

Da ein unendliches Spiel nicht beendet werden kann, kann es auch nicht wiederholt werden. Das Ergebnis eines endlichen Spiels ist die Vergangenheit, die darauf wartet, sich zu ereignen. Wer auf ein bestimmtes Ergebnis hin spielt, der wünscht eine bestimmte Vergangenheit. Der unendliche Spieler in uns verbraucht nicht Zeit, sondern erzeugt sie. Weil das unendliche Spiel dramatisch ist und keinen Abschluss hat, ist seine Zeit gelebte und nicht betrachtete Zeit. Als unendlicher Spieler ist man weder jung noch alt, denn man lebt nicht in der Zeit eines anderen. Es gibt daher kein äußeres Maß für das Zeitliche eines unendlichen Spielers. Für einen unendlichen Spieler vergeht Zeit nicht. Jeder zeitliche Augenblick ist ein Beginn. Jeder Augenblick ist nicht der Beginn eines Zeitabschnitts, sondern er ist der Beginn eines Ereignisses, das der Zeit, die es umschließt, ihre spezifische Qualität verleiht. So etwas wie eine Stunde Zeit gibt es für den unendlichen Spieler nicht. Was es geben kann, ist eine Stunde der Liebe, ein Tag des Kummers, eine Saison des Lernens oder eine Periode der Arbeit.

Ein endlicher Spieler bringt Spiel in die Zeit. Ein unendlicher Spieler bringt Zeit ins Spiel. Für unendliche Spieler ist es nicht nötig, dass sie Christen sind, eigentlich ist es ihnen gar nicht möglich, ernsthaft Christen zu sein. Ebenso wenig ist es ihnen möglich, ernsthaft Buddhisten oder Moslems oder Atheisten zu sein. Alle derartigen Titel können nur spielerische Abstraktionen sein, bloße Schau, Darbietungen, um Gelächter hervorzurufen. Unendliche Spieler sind keine ernsthaften Schauspieler in einer Geschichte, sondern die fröhlichen Poeten einer Geschichte, die fortwährend neu erschaffen, was sie nicht vollenden können.

Viele Menschen, die glauben auf dem geistigen Weg zu sein, fangen an, „an sich zu arbeiten", um „vorwärtszukommen", wo immer dieses „Vorwärts" auch sein mag. Sie legen sich neue, spirituelle Gewohnheiten zu, kämpfen gegen den Schatten in sich und das Böse überhaupt und leben scheinbar ein tugendhaftes Leben. Sie bereinigen ihr ganzes Leben, ja sogar frühere Inkarnationen, verändern vielleicht sogar ihre ganze Persönlichkeit, ohne sich dessen bewusst zu sein, dass dies alles nur auf der Ego-Ebene stattfindet.

Ein wichtiger Schritt auf diesem Weg könnte sein, diese „mentale Selbstbefriedigung" zu beenden und sich nicht mehr vorzumachen, man sei schon weit gekommen. Auf dem Weg der Ent-Deckung unserer Meisterschaft gibt es nur eine Reihe von ersten Schritten zu tun. Dabei gilt es auch zu erkennen, dass Wissen nur der Trostpreis auf dem Weg zu sich selbst ist. Wissen, das mit der Persönlichkeit vergeht, wenn es nicht zur Erkenntnis wird.

Solche Menschen sprechen in Gesellschaft nur noch über spirituelle Themen, weil sie alles andere, „niedrigere" nur langweilt. Sie essen nur noch vegetarisch, und bei dem Gedanken, dass sie früher so barbarisch waren und Fleisch gegessen haben, dreht sich ihnen heute fast der Magen um. Sie bewegen sich gemessen, ruhig und ohne Hast und sind freundlich zu jedermann, sodass jeder erkennen kann, wie weit fortgeschritten sie sind. Aber solange wir auf diese Weise nur unser äußeres Verhalten ändern, leben wir kein besseres Leben, sondern nur ein anderes.

Auch wenn wir das Licht in uns erleben und emotional „high" sind oder in höheren Sphären schweben, ist dies nicht ein Zeichen von spirituellem Fortschritt. Es sind ausschließlich EGO-Spiele, und das Ego mag sich einbilden, nun ein spirituelles Ego zu sein, aber es bleibt ein Ego.

Worauf es wirklich ankommt, ist, die Wirklichkeit zu erkennen. Aber das geht nur mit einem immer klarer werdenden Bewusstsein. Dabei ist der Verstand nur hinderlich, denn solange wir noch „verstehen" wollen, versuchen wir die Unendlichkeit der Schöpfung durch das Nadelöhr des Verstandes zu zwängen. Um es begreifen zu können, muss ich es begrenzen, zu einem Objekt machen. Worum es also geht, ist zu erkennen, wie die Dinge wirklich sind, was wirklich geschieht!

6

Die Illusion des Ichs

Jede Ausbildung, jedes Training, jede Therapie, Beratung, Heilung und Entwicklung befasst sich mit dem „Ich". Da sollten wir doch einmal fragen, wer das eigentlich ist, mein „Ich". Wen meine ich, wenn ich sage „ich"? Wer handelt, wenn „ich" etwas tue? Und für wen tue „ich", was ich tue? Gibt es „mich" eigentlich und woher will „ich" das wissen? Wer ernsthaft in sich geht, muss damit rechnen, dass er niemanden vorfindet.

Sie sehen, Sie hören, riechen, fühlen und Sie schmecken, aber haben Sie den, der sieht, schon einmal gesehen oder den Hörer gehört? Wo ist der, der sieht, hört, fühlt? Wenn es dieses „Ich" aber gar nicht gibt, wer hat dann die Probleme im Leben? Wer ist eitel, machthungrig oder ängstlich? Wer hat Spaß am Leben oder auch nicht? Und wer fährt eigentlich morgens zur Arbeit, wer heiratet und hat Kinder? Was, wenn es dieses „Ich" gar nicht gäbe?

Sobald wir erkannt haben, dass dieses „Ich" in der Tat gar nicht existiert, dass es nur ein im wahrsten Sinne des Wortes „eingebildetes Zentrum" ist, sind wir frei. Wir sind frei von all den Schwierigkeiten, die aus diesem „Ich" resultieren. Denn alle Ihre Lebensprobleme kommen aus diesem „Ich", aber eigentlich ist da in Wirklichkeit niemand.

Sobald Sie also aus der „Illusion des Ich" heraustreten, können Sie noch einmal ganz von vorn anfangen, ohne jede Belastung, ohne Vergangenheit, und alle Möglichkeiten liegen vor Ihnen und warten darauf, wie Sie sich entscheiden. Natürlich könnten Sie sich entscheiden, sich ein neues „Ich" zu schaffen, eines, das wirklich zu Ihnen passt. Sie könnten aber auch die „Selbstumklammerung des Ichs" auflösen und als SIE SELBST leben, als der, der Sie wirklich sind. Dann erkennen Sie, SIE sind die unbewegte Mitte des Universums, alles dreht sich nur um SIE.

Die Wurzeln des Leidens sind im EGO verankert. Wann immer jemand leidet, will, wünscht, fragt, sucht, sich bemüht, strebt, ist das EGO am Werk. Sie allein entscheiden sich zu leiden, zu leiden durch die Identifikation mit dem Ego, Ihrer Persönlichkeit. Sie, der Sie wirklich sind, sind frei von Problemen, Sorgen und Leid. Sie sind heil, erleuchtet, vollkommen, es gibt nichts, das erst werden müsste. Denn WERDEN IST NUR EINE ILLUSION DES VERSTANDES.

Alle Schwierigkeiten entstehen also nur im „Supermarkt der Materie". „Komm zurück nach Hause und du bist frei." Zuhause sein heißt, im Selbst zu sein. Lassen Sie den Verstand spielen, aber kümmern Sie sich nicht darum. Wenn Sie ihn nicht beachten, wenn Sie über die Gedanken nicht nachdenken, sind Sie frei. Dann existiert keine Vergangenheit oder Zukunft und somit auch keine Zeit, sondern nur eine endlose Kette von „JETZT", die „Ewigkeit mit Ewigkeit" verbindet.

Also benutzen Sie Ihren Verstand wirklich nur dann, wenn Sie ihn brauchen – und das ist seltener als Sie annehmen –, und lassen Sie ihn ansonsten mit sich selbst spielen. Der Verstand braucht ein Objekt. Entfernen Sie jedes Objekt, und es geschieht „Nichts", Leere, reines Sein. Lassen Sie Ihren Verstand in dieses NICHTS sinken – in die Stille, und Sie sind am Ziel. Aber versuchen Sie nicht „nichts" zu tun, denn es gibt nichts zu tun im Nichts. Alles Tun geschieht als spontane Aktivität aus dem Sein.

Das Paradoxe am *Meisterspiel* ist, dass Sie es auf einem beliebigen Gebiet nur dann zur Meisterschaft bringen können, wenn Sie sich zuvor als Meister auf eben diesem Gebiet erkennen. Sie haben keine Chance, etwas zu werden, wenn Sie nicht zuvor bereits glauben, es schon zu sein.

Gleichzeitig aber muss der zukünftige Meister die Kunst erlernen, dabei bescheiden zu bleiben, ja sogar demütig zu sein. Der YANG-Anteil erkennt sich als vollkommener Meister, während der YIN-Anteil sich als NICHTS sieht. Nur so ist triumphierende, unumschränkte Meisterschaft möglich.

Einstein war ein Beispiel dafür, ebenso wie Buddha. Wenn Einstein bis zur völligen Erschöpfung an der Lösung eines Problems gearbeitet hatte, ohne sie zu finden, gab er einfach auf. Er gestand sich die Niederlage seines Verstandes ein und ließ einfach los. Er erkannte in aller Demut, dass auch sein überragender Geist die Aufgabe nicht lösen konnte. Sobald er aber aufhörte, mit seinem Ego gegen die Grenzen des Verstandes anzurennen, öffneten sich die Türen zur wahren Meisterschaft, das Genie trat hervor, und es zeigte sich die Lösung. Ebenso erging es Buddha. Als er sich eingestand, dass all seine Suche ihn nicht zur Erkenntnis geführt hatte und er aufgab, erfuhr er Erleuchtung.

In diesem Bewusstsein könnten Sie einmal die Rolle spielen, Meister zu sein, indem Sie Ihre Vorstellung vom Meistersein verwirklichen, den Meister in sich wecken und ihm beim Meistersein zuschauen. Lassen Sie zu, dass der Meister in Ihnen allmählich Ihr Denken lenkt und Ihr Handeln bestimmt, so kommen Sie unmerklich vom Meisterspielen zum Meister-SEIN. Dabei gibt es, wie bei den Kahunas, verschiedene Arten von Meistern. Der Kahuna ist der Lehrer, der Kahuna-Lapa'au ist der Heiler, der Kahuna-Pule ist der Priester, der durch seine Gebete heilt. Der Kahuna-Ha'apu ist der Arzt, und der Kahuna-Lapa'au der Psychologe. Jeder ist ein Meister auf seinem Gebiet. Also lassen auch Sie IHREN INNEREN

MEISTER hervortreten, und erkennen Sie allmählich, dass Sie ein Meister auf ALLEN Gebieten sind.

Zur Meisterschaft gehört natürlich auch die bewusste Lenkung der Emotionen. Werden Sie von Ihren Gefühlen beherrscht oder beherrschen SIE Ihre Gefühle? Sind Sie aber auch in der Lage, sich Ihren Gefühlen ganz hinzugeben, wenn Sie es wünschen? Zur emotionalen Meisterschaft gehört, seine emotionalen Gewohnheiten zu erkennen, überholte zu ändern und, noch besser, keine emotionalen Gewohnheiten anzunehmen, um in jedem Augenblick wirklich emotional frei zu sein. Denn solange wir noch mit unserem Gemüt reagieren, ist unser Leben noch recht „ungemütlich".

Zur Meisterschaft gehört auch zu erkennen, dass es weder eine Schuld gibt noch, dass ein anderer Sie erlösen könnte. Der fromme Glaube, dass Jesus Christus durch seinen Tod die Welt erlöst habe, verhindert geradezu, dass die Menschen das Erforderliche tun, um sich selbst zu erlösen. Christus hat der Menschheit zwar den Weg zur Erlösung gezeigt, aber gehen muss ihn jeder schon selbst, denn es gibt nun einmal keine „stellvertretende Erlösung".

Natürlich gehört zur Meisterschaft auch, nicht mehr zu urteilen. Wenn uns jemand etwas erzählt, meinen wir, wir müssten dazu JA oder NEIN sagen. Aber es genügt völlig zu sagen: „Ich respektiere das als Ihre Meinung, aber ich urteile nicht darüber." Es gibt dazu eine schöne Geschichte von Buddha: Buddha ging eines Tages durch ein Dorf, als ihn jemand bat: „Sage mir, ob es Gott gibt." Und Buddha sagte: „Es gibt keinen Gott, es hat nie einen gegeben, und es wird auch nie einen geben!" Einige Zeit später kam ein anderer und sagte: „Ich bin Atheist und glaube nicht an Gott, gibt es einen solchen?" Und Buddha antwortete: „Gott allein besteht, es gibt nichts außer Gott!" Ein Schüler, der Buddha begleitet hatte, war völlig durcheinander und bat ihn um eine Erklärung. Buddha sagte zu ihm: „Keine dieser Antworten war für dich, aber das Chaos, in das sie dich gestürzt haben, hilft dir, DEINE Antwort zu finden!" Die Erkenntnis daraus: Alles, was man sagen kann, ist in gewisser Weise falsch, es ist nicht die Wahrheit, sondern ein Fingerzeig. Schaue nicht auf den Finger, sondern auf das Gezeigte, und du erkennst DEINE Wahrheit.

7

Bewusstseins-Training

Eine wichtige Voraussetzung zur Meisterschaft ist das BEWUSST-SEINS-TRAINING.

Die Welt erwartet von uns, dass wir ständig etwas tun, und auf diese Weise kommen wir gar nicht zum Sein. Das Tun verlangt Wissen, Können und den Einsatz des Intellekts. Das Sein verlangt Zeit zur Selbstbesinnung und Intelligenz. Sitz des Intellekts ist die linke Gehirnhälfte, die den Mikrokosmos repräsentiert. Sitz der Intelligenz ist die rechte Gehirnhälfte in Verbindung mit dem Herzen, die den Makrokosmos repräsentiert. Erst beides zusammen ergibt ein Ganzes. Heute regiert der Intellekt über die Weisheit mit all seinen Folgen. Der Intellekt handelt logisch, rational und gefühllos, ohne Herz. Ohne Verbindung zum Herzen besteht aber keine bewusste Verbindung zum Leben und damit zu uns selbst.

Wir alle HABEN Bewusstsein, aber kaum jemand ist „bei Bewusstsein". Wir identifizieren uns mit unserer kleinen Persönlichkeit und vergessen dabei unsere wahre Größe, unser wirkliches Sein. Es wird Zeit, dass wir unseren kleinen Verstand überschreiten und wieder in die Grenzenlosigkeit des Bewusstseins eintreten, nach innen lauschen und wahrnehmen, wer wir wirklich sind. Sobald das geschieht, ist uns unsere bisherige Persönlichkeit zu klein, wir lassen unsere „Alltagspersönlichkeit" los und fangen an zu leben, als der, der wir wirklich sind.

Treten Sie ein in das „Geheimnis Leben" und „entdecken" Sie, was das Leben Ihnen zu sagen hat. Lernen Sie als wichtigste Fremdsprache die „Sprache des Lebens", um im Ein-Klang mit dem Leben einfach zu sein. Entscheiden Sie bewusst, ob Sie Ihr „Ich" glücklich machen wollen oder „sich selbst", also den, der Sie wirklich sind. Es geht dabei um eine tiefe Beziehung zu dem Phänomen Leben, denn hinter der Selbstverständlichkeit unserer biologischen Existenz verbirgt sich der fast unbekannte Bereich des „wahren Seins". Denn Bewusstsein ist das, worum es im „Spiel des Lebens" eigentlich geht. Dazu müssen Sie aber die „Ich-Umklammerung des Selbstes" lösen, zu sich selbst erwachen und hervortreten, um als Meister und Schöpfer zu leben, als der also, als der Sie gemeint sind: als Ebenbild Gottes.

8

Bewusstsein als Weg zur Erfüllung

Bewusst-SEIN ist nicht etwas, das man zehn Minuten oder zwei Stunden oder sechs Stunden täglich praktiziert. Auch nicht etwas, das man nur an Sonn- und Feiertagen oder an bestimmten Tagen pro Woche tut. Bewusstes SEIN ist ein Zustand des Bewusstseins, ein Weg zu leben, der STÄNDIG gegangen werden sollte. Dieser Weg ist nicht nur natürlich, es ist letztlich der EINZIGE WEG. Auch im Zeitalter der Raumfahrt ist die Reise zu sich selbst das größte menschliche Abenteuer geblieben. Denn der Mensch kann mit seinen Sinnesorganen bestenfalls 1 % der bekannten Energiefrequenzen wahrnehmen. Das Abenteuer beginnt, wenn wir anfangen, die restlichen 99% zu entdecken. Und das, was wir finden, ist faszinierend, die Suche danach ist schon Belohnung genug.

Wir leben im Zeitalter der „Evolution des Bewusstseins". ALLE Bereiche des menschlichen Lebens verändern sich geradezu dramatisch, und das ist erst der Anfang. Beruf, Schule, Partnerschaft, Gesundheit, vor allem aber der bewusste Umgang mit sich selbst verändern sich laufend. In naher Zukunft wird Gesundheit selbstverständlich sein, und auch wirtschaftliche Sorgen werden der Vergangenheit angehören. Aber es werden neue Herausforderungen auf uns zu kommen.

So ist uns noch gar nicht bewusst, dass wir mit der Atomspaltung ein auf die Freiheit nicht vorbereitetes Bewusstsein freigesetzt haben, das uns noch allen zu schaffen machen wird. Das gehört zu den Schattenseiten des Menschen, aber es ist kein Grund, den Kopf hängen zu lassen. Denn wer sich mit seinen Schatten identifiziert, bleibt am Boden haften und hat es schwer, aufzusteigen. Transformation ist nur schmerzhaft, wenn man Widerstand leistet. Das Geheimnis heißt HINGABE an das Wunder des Augenblicks. Wir können dem Universum vertrauen. Das Ego macht uns nur solange Schwierigkeiten, bis wir es als Freund und Lehrer anerkennen, der ein Teil ist von uns selbst. Folgen wir dem „Ruf des Schmetterlings" und nicht dem der Raupe. Denn die Vergangenheit ist vorbei und kommt nie mehr wieder. Er-innern wir uns wieder an unser wahres Sein, unser Bewusst-Sein.

Jesus sagte: „Wer sucht, soll nicht aufhören zu suchen, bis er findet; und wenn er findet, wird er erschüttert sein; und wenn er erschüttert worden ist, wird er sich wundern und wird über das All herrschen." (Thomas-Evangelium)

9

Achtsam sein

Es gibt zwei Schritte zur Achtsamkeit:

1. Schritt: Die „Sünde", altdeutsch „Sinte" = Trennung, beenden, bewusst machen, wer ich wirklich bin. Erkennen, ich bin vollkommenes, unsterbliches Bewusstsein, ich war immer und werde immer sein, denn „ICH BIN". Ich bin ein Teil des einen allumfassenden Bewusstseins. Ich bin „ICH SELBST", authentisch, ehrlich, echt. Ich bin der, der ich wirklich bin!

2. Schritt: Ich denke, fühle, rede, handle als ICH SELBST! Ich treffe jetzt eine Entscheidung und erkenne, was zu tun ist. Ich erkenne die Lösung für eine Aufgabe oder ein Problem und ziehe daraus die richtigen Konsequenzen. Ich empfange jetzt bewusst eine Botschaft des Lebens, für eine Situation, für alle Situationen oder für das ganze Leben. Ich tue alles, was ich tue, ganz bewusst. Ich handle ausschließlich in meinem erhobenen Bewusstsein, jedes meiner Worte entspricht diesem erhobenen Bewusstsein. Ich erkenne, ob das jetzt wirklich zu mir selbst gehört, ob ich das wirklich noch bin. Das kann einen Wunsch betreffen, ein Ideal, ein Ziel, eine Vorstellung, meinen Beruf, meine Verhaltensweise, meinen Partner, einen Bekannten usw. Ich lasse los, wenn etwas nicht mehr wirklich zu mir gehört; ich nehme bewusst wahr, was ICH SELBST in diesem Augenblick will. Ich erkenne die „Innere Wirklichkeit".

Ich sage bewusst JA zu mir selbst, so wie ich bin. Ich gestatte auch mir, ICH SELBST zu sein, ich denke, fühle, rede und handle in jedem Augenblick so, dass ich Achtung vor mir selbst haben kann und mich in mir wohl fühle.

Der „geistige Weg" ist nicht eine „andere Art zu leben", es ist der einzige vernünftige Weg, und früher oder später MUSS ich ihn gehen, denn es ist der Weg zu mir selbst – der Weg *nach Hause!*

10

Hindernisse auf dem Weg

Auf dem geistigen Weg stellen sich uns immer wieder Hindernisse in den Weg, Probleme, Schwierigkeiten, Aufgaben, die wir lösen müssen, bevor wir weitergehen können. Diese scheinbaren Hindernisse sind wichtige Chancen, die uns das Leben bietet, um eine „notwendige" Erfahrung zu machen. Eine wichtige Erkenntnis ist, sich bewusst zu werden, dass ALLE Hindernisse Produkte unseres Bewusstseins sind. So verschieden die Inhalte unseres Bewusstseins sind, so verschieden sind die Schwierigkeiten, die auf dem Weg zur Meisterschaft auftreten. Aber gerade das macht jeden Weg einzigartig. Auch der plötzliche Erfolg, die Beförderung, der günstige Zufall sind Lektionen, die uns vom Weg abbringen können. Je weiter wir gekommen sind, desto subtiler werden die Tests, mit denen geprüft wird, ob wir wirklich in unserer Mitte ruhen. Manche Lektionen bewältigen wir im Handumdrehen, für andere brauchen wir ein ganzes Leben. Das Leben prüft stets unseren schwächsten Punkt, denn eine Kette bricht immer an ihrem schwächsten Glied, gleichgültig, wie stark die übrigen Glieder sein mögen.

Angst ist ein Haupthindernis auf diesem Weg. Angst kann uns davon abhalten, den nächsten Schritt zu tun. Oft wünschen wir uns die nächste Aufgabe herbei und haben doch gleichzeitig auch Angst vor ihr. Die Transformation zum Selbst ist nun einmal kein Spaziergang und zwingt uns oft, gewohnte Sicherheiten loszulassen. Es gehört also viel Mut dazu, „ICH SELBST" zu sein. Aber die Hindernisse auf dem Weg entsprechen immer genau meinen derzeitigen Fähigkeiten, und so kann ich in Wirklichkeit nie überfordert werden, auch wenn ich mich vielleicht mitunter überfordert fühle. Glaube ich aber meinem Gefühl, suche ich vielleicht einen Ausweg und flüchte in Alkohol oder Drogen, verdränge die Aufgabe und belüge mich selbst, indem ich das Problem auf meine Mitmenschen projiziere. Manche begehen lieber Selbstmord, als sich der Aufgabe des Lebens zu stellen, aber selbst dadurch können wir einer notwendigen Lektion nicht entkommen. In der Bibel heißt es: Keiner geht von dannen, ehe der letzte Heller bezahlt ist.

Eine milde Form der Flucht ist „spirituelle Trägheit". Trägheit aber ist eine Form der Unfreiheit, ist geistige Gefangenschaft. Damit sind natürlich nicht die Phasen der Ruhe und Entspannung gemeint, die auch auf dem geistigen Weg sinnvoll sein können.

Es gibt immer einen Grund stehenzubleiben. So kommt der Verstand vielleicht mit dem Argument: „Ich mache erst meinen Schulabschluss, dann mache ich mich auf den geistigen Weg." Weitere „Argumente der Ausrede": Erst möchte ich mein Studium beenden, bevor ich mich auf den Weg mache. Erst muss ich wirtschaftlich unabhängig werden, bevor ich mich auf den Weg machen kann. Erst wenn die Kinder aus dem Haus sind, habe ich Zeit, mich auf den Weg zu machen. Wenn ich in Rente gehe, dann bin ich frei für den geistigen Weg. Wenn ich wieder gesund bin, dann werde ich mich auf den Weg machen. Irgendwann ist das Leben vorbei, ohne dass ich mich auf diesen wichtigen Weg gemacht habe.

Ein anderes Hindernis ist die „spirituelle Gefräßigkeit": zuviel auf einmal zu wollen oder zu schnell „vorankommen" zu wollen. Die Ungeduld also, die uns veranlasst, mehrere Wege gleichzeitig zu gehen.

Doch auch Eitelkeit ist ein ernstes Hindernis, die Meinung, schon eine hohe Stufe des Weges erreicht zu haben und auf andere herabblicken zu können. Auch die Meinung, schon so weit zu sein, dass ständige Achtsamkeit nicht mehr erforderlich sei, ist eine raffinierte Illusion, denn ohne die ständige Achtsamkeit erreichen wir gar nicht erst uns selbst.

Bevor ich die Schwelle zur Meisterschaft überschreiten kann, muss ich also das Ego an der Garderobe abgeben, denn das „Ich" kann nicht das Selbst ins Ziel führen. Erst wenn ich die „Illusion des Ichs" aufgelöst habe, kann ich den letzten Schritt tun. Es geht nicht um mein persönliches Wachstum, meine individuelle Erfüllung, sondern es geht einzig und allein um das Erwachen des Ganzen.

Ich bin

Die Erkenntnis, „ICH BIN" zu sein, ist das Fundament des Bewusstseins. Ganz präsent zu sein und doch nicht da. Im ICH BIN ist kein Körper, kein Gemüt, kein Gedanke, nur Wahrnehmung. Also das „ICH BIN" geschehen lassen, denn indem ich meine Identität loslasse, werde ich nicht weniger, sondern mehr. Sobald ich aber dem „ICH BIN" etwas hinzufüge, wie „ich bin müde, klug, geduldig, wütend", gerate ich in eine falsche Identifikation. Sobald ich dem „ICH BIN" etwas hinzufüge, gehe ich in die Trennung, begrenze ich die Vollkommenheit dessen, was ist.

Lasse ich nur das „ICH BIN" in mir wirken, werde ich immer weiter, umfassender und letztlich allumfassend. Genau genommen werde ich es nicht, ich erkenne nur mehr und mehr, dass es so ist, erkenne die Grenzenlosigkeit meines Seins. Das „ICH BIN", die ewige Gegenwart, ist der Urgrund meines und allen Seins. Es ist ständig da und wartet darauf, erkannt zu werden, gelebt zu werden. Er, der Urgrund, ist die einzige Wirklichkeit, alles andere ist ein Ausdruck der Wirklichkeit, aber nicht die Wirklichkeit selbst.

Wie kommt man nun zu Bewusstsein? Man muss den „geistigen Riesen" wecken, der man ist, und individuell „einjustieren" bis zum

Ziel. Man muss schließlich bei sich selbst ankommen und „angekommen leben", also hervortreten als der, der man *wirklich* ist.

Wir alle haben den geistigen Riesen, der wir sind, die schöpferische Urkraft, eingesperrt in das Gefängnis unseres „Ich", und allmählich glauben wir, dass wir so klein sind, wie wir uns fühlen. In Wirklichkeit ist unser Sein grenzenlos und wartet nur darauf, dass wir „den Geist aus der Flasche lassen".

Vorbereitung auf den Weg
Die „Sinnestore" öffnen.
Wahrnehmen, wo und wer ich bin.
Wer nimmt wahr, wer fragt, wer spricht?
Wo ist meine Mitte?
Wo ende ich?
Bin ich wirklich das, was ich glaube zu sein?
Was immer ich wahrnehmen und benennen kann, das BIN ICH NICHT.
Ich schaue imaginativ in den Spiegel und sage: Das ist mein Körper.
Ich mache mir bewusst, WER das sagt.
ICH BIN der, der das sagt, der den Verstand benutzt,
der die Gefühle fühlt, der spricht.
Ich spüre und erlebe das ICH BIN.
Ich bin anwesend – in meinem Körper, auf meinem Stuhl,
in einem Raum, in einer Gruppe, bei einem Seminar usw.
Ich mache mir bewusst, welchen Raum ich derzeit einnehme.

Grundübung für den Weg
Sich als Bewusstsein in seinem Körper wahrnehmen.
Wie groß bin ich? – Wo ist mein Zentrum, meine Mitte?
Ich dehne mich von meiner Mitte aus,
bis ich meinen ganzen Körper von innen gleichzeitig spüre.

Damit habe ich die Möglichkeiten meines Verstandes überschritten.

Ich öffne von innen das Kronen-Chakra.

Ich wachse über mich selbst hinaus.

Ich schließe mich „ans Netz" an und benötige nie mehr eine Batterie.

Ich bleibe in der Kraft
und lasse ab jetzt ständig Heilung geschehen.

Ich tauche ein in das Informationsfeld des Allbewusstseins
und lebe in und aus der Intuition.

Ich bleibe ständig auf Empfang.

11

Die Sinnestore öffnen – Training der fünf Sinne

In der Schule haben wir gelernt, dass der Mensch fünf Sinne hat. Wir haben aber sehr viel mehr. Außer den bekannten fünf Sinnen Gesichtssinn, Gehörsinn, Tastsinn, Geruchssinn und Geschmackssinn gibt es noch zahlreiche weitere Sinne, wie den

Gleichgewichtssinn,
Orientierungssinn,
Wahrnehmungssinn,
Geschäftssinn,
Leichtsinn,
Lebenssinn
und noch viele mehr.

Wenn wir unsere „außer-sinnliche Wahrnehmung" entdecken, trainieren und nutzen wollen, sollten wir zunächst einmal den Gebrauch der normalen fünf Sinne optimieren, sie wirklich „wecken". Denn dann hat unser „sechster Sinn" wesentlich bessere Chancen, sich zu entfalten. Wir gehen also bewusst in die einzelnen Sinne hinein und verbinden Bewusstsein *und* Sinn.

Beginnen wir gleich mit der Praxis: Schließen Sie einmal die Augen und entspannen Sie sich. Gestatten Sie Ihrem Körper, vollkommen bewegungslos zu sein. Stellen Sie sich nun vor Ihrem geistigen Auge einen schwarzen Punkt vor. Lassen Sie jeden anderen Gedanken einfach los und konzentrieren Sie sich ganz gelöst auf diesen schwarzen Punkt. Lassen Sie den schwarzen Punkt immer deutlicher werden, aus dem sich dann allmählich andere geometrische Formen entwickeln: ein Kreis, ein Rechteck, ein Dreieck, und konzentrieren Sie sich, bis Sie alle Formen ganz deutlich „sehen" können.

Nun machen Sie das Gleiche mit den Zahlen von 1 bis 10. Dann stellen Sie sich einen Buchstaben nach dem anderen vor, von A bis Z. Fahren Sie fort mit den verschiedenen Farben, bis Sie auch diese deutlich sehen können. Dann üben Sie, verschiedene Gegenstände mit Ihrem inneren Auge „zu sehen".

Sinnestraining 1
Eine Universität im amerikanischen Bundesstaat Iowa veranstaltet Einführungskurse in die Kunst des bewussten Sehens. Nach Meinung des Fakultätsleiters, Kenneth Lash, ist diese Fähigkeit eine Grundvoraussetzung aller Erkenntnis, allen Lernens und jeder schöpferischen Arbeit. Eine der praktischen Übungen des Lehrgangs ist das so genannte Zitronenexperiment. Jeder der zwanzig Kursteilnehmer muss sich aus einem Einkaufskorb mit Zitronen eine herausnehmen und sie Tag und Nacht bei sich tragen, sie immer wieder betrachten, befühlen und daran riechen. Zwei Tage später fordert der Professor die Studenten auf, die Zitrone wieder in den Korb zu legen. Anschließend muss sich jeder „seine" Zitrone wieder heraussuchen. Die meisten finden auf Anhieb die richtige, ein Teilnehmer erklärte, dass er keinen Menschen so gut kenne wie „seine" Zitrone.

Sinnestraining 2
So aktivieren Sie Ihren „geistigen Bildschirm" noch ein wenig mehr: Erleben Sie noch einmal ganz bewusst und in ALLEN Einzelheiten den Beginn des heutigen Tages. Erleben Sie den Augenblick, in dem Sie die Augen öffnen, sehen Sie sich im Zimmer um, und nehmen Sie alles genau wahr. Vielleicht „hören" Sie vorher noch den Wecker klingeln, oder jemand spricht zu Ihnen. „Riechen" Sie

bewusst Ihr Rasierwasser, Haarspray oder Parfüm. „Spüren" Sie, wie Sie sich duschen, kämmen, anziehen. „Schmecken" Sie Ihren Morgenkaffee, Ihre Brötchen usw. Erleben Sie ganz bewusst, was Sie nach dem Frühstück tun.

Gehen Sie nun einmal in der Zeit zurück, und sehen und erleben Sie sich noch einmal in Ihrem Elternhaus, dort, wo Sie aufgewachsen sind. Erleben Sie sich in verschiedenen Szenen Ihrer Kindheit, erleben Sie, wie gesund und leicht Sie sich fühlen, und erleben Sie auch, was Sie in diesem Augenblick bewegt.

Erleben Sie noch einmal Ihren ersten Kuss, Ihre große Liebe, spüren Sie dabei ganz intensiv das Gefühl, das Sie dabei erfüllt. Lassen Sie das Erleben ganz deutlich und intensiv werden. Sehen und erleben Sie noch einmal Ihren letzten Urlaub. „Sprechen" Sie mit Leuten, die Sie dabei kennen lernten. Schwimmen Sie noch einmal im Pool oder im Meer. Spüren Sie die Sonne ganz intensiv auf Ihrer Haut.

„Gehen" Sie nun einmal in Ihrem inneren Erleben auf eine Wiese. Nehmen Sie diese Wiese *mit allen Sinnen* wahr. Spüren Sie ganz deutlich das Gras unter Ihren Füßen, und „riechen" Sie den Duft der Blumen. „Hören" Sie die Vögel zwitschern und das Rauschen des Windes in den Bäumen. Nehmen Sie alles ganz bewusst und intensiv wahr. „Hören" Sie das Summen der Bienen, und atmen Sie die reine Luft. Fühlen Sie sich ganz wohl und lassen Sie Ihre „geistigen Sinne" ganz lebendig werden. Nehmen Sie ganz bewusst *mit allen Sinnen* wahr.

Sinnestraining 3
Schalten Sie um vom Sehen zur Wahrnehmung. Der mit dem „Ich" identifizierte Verstand empfängt Intuition nur „zufällig", wenn die Leitung einmal einen Augenblick nicht durch ständiges Denken

blockiert ist. Und dann versteht der Verstand oft die Intuition nicht einmal. Solange also Denken die Leitung besetzt, kann Intuition nicht empfangen werden, die Leitung ist nur frei bei Gedankenstille.

Es gibt mehrere Wege, Gedankenstille herzustellen. Einen Augenblick entsteht Gedankenstille in der Atempause nach dem Ausatmen, bis zum neuen Atemzug. Das ist aber meist so kurz, dass wir es nicht bemerken.

Eine andere Möglichkeit ist, „Wolken anzuschauen" und dabei die Gedankenwolken vorbeiziehen zu lassen, ohne sie zu beachten, dann an den Wolken vorbei in den blauen Himmel schauen, in die Leere, ins Nichts, bis Gedankenstille eintritt.

Ein weiterer Weg ist die Konzentration auf den Atem. Ich konzentriere die Vielfalt meiner Gedanken auf einen Punkt und beobachte meinen Atem – lasse alles andere los. Kommt ein Gedanke, sage ich: Jetzt nicht, jetzt beobachte ich meinen Atem. Dies tue ich, bis ich nur noch meinen Atem beobachte, dann lasse ich auch den Atem los und bin in Gedankenstille.

Geben Sie Ihrer Intuition eine Chance! Es klingelt an der Haustür, „sehen" Sie geistig nach, bevor Sie öffnen. Ihr Telefon klingelt, lassen Sie es klingeln, bis Sie wissen, wer in der Leitung ist und begrüßen Sie ihn mit Namen. „Sehen" Sie nach, wer die Absender der Briefe sind, die in Ihrem Briefkasten liegen. „Lesen" Sie die Briefe, bevor Sie sie öffnen und kontrollieren Sie dann das Ergebnis.

Trainieren Sie bei jeder sich bietenden Gelegenheit Ihre geistigen Sinne, bis Sie sich vollkommen auf Ihre Wahrnehmung verlassen können.

Sinnestraining 4
Trainieren Sie Ihren Geruchssinn. Beginnen Sie damit, sich verschiedene Gerüche vorzustellen, bis Sie sie „geistig" riechen können.

Kombinieren Sie dies mit dem geistigen Sehen. Stellen Sie sich eine aufgeschnittene Zitrone vor, und „riechen" Sie geistig daran. Das Gleiche machen Sie mit einem Apfel, einer Orange, einer Grapefruit, mit Kaffee, Marmelade usw. Ergänzen Sie die Übung mit der kombinierten Wahrnehmung von Fisch, Gewürzen und fertigen Gerichten.

Erkennen Sie nur über den Geruch, welches Gewürz beim Essen fehlt. Riechen Sie den Duft von Zigaretten, Zigarren, einer Pfeife. „Riechen" Sie geistig die verschiedenen Blumendüfte. „Riechen" Sie auch Rasierwasser, Parfüms und sonstige Kosmetika.

Sinnestraining 5
„Fühlen" Sie einmal geistig Papier, Karton, Seide, Baumwolle, Glas, Holz und ähnliche Werkstoffe. Kombinieren Sie das wieder mit dem geistigen Sehen. Gleiten Sie in Ihrer Vorstellung mit den Fingern über das Material, bis Sie Oberfläche und Form eindeutig „fühlen" können.

Lernen Sie dabei auch die verschiedenen Arten von Wärme zu unterscheiden. Sonne wärmt anders, als eine Glühbirne oder eine Kochplatte. Vergleichen Sie die Wärme eines offenen Feuers mit einer Kerze, unterscheiden Sie die von einem Holzfeuer ausgehende Wärme von der eines elektrischen Heizofens, ja sogar Kohle und Holzfeuer haben eine andere Wärme-Qualität.

Sinnestraining 6
„Schmecken" Sie einmal in Ihrer Vorstellung verschiedene Speisen und Getränke. Wieder können Sie das mit dem geistigen Sehen

verbinden. Schmecken Sie verschiedene Früchte, auch die Reifegrade der jeweiligen Frucht. Vergleichen Sie ihren geistigen Geschmack mit der Realität, beißen Sie in eine Frucht, oder probieren Sie ein Getränk. Werden Sie so zum Feinschmecker und vielleicht sogar zum Weinkenner. Experimentieren Sie mit verschiedenen Weinsorten.

Sinnestraining 7
Probieren Sie einmal in einer Gesellschaft, einzelnen Gesprächen zu folgen. Lernen Sie so, selektiv zu hören. Werden Sie „fernhörig", und hören Sie deutlich, was weit entfernt von Ihnen gesprochen wird.

Wenn ein anderer telefoniert, „hören" Sie, was sein Gesprächspartner am Telefon sagt, was Sie ja mit Ihren physischen Ohren nicht hören können.

Trainieren Sie, den „kosmischen Ton" zu hören. Vor allem aber „hören" Sie auf Ihre „innere Stimme", die leise „Stimme der Vernunft", aber auch auf die „Stimme Ihrer Intuition", auf die „Stimme Ihres Gewissens". Hören Sie auf sich selbst, erfinden Sie immer neue Kombinationen Ihrer physischen mit Ihren geistigen Wahrnehmungen, bis Sie schließlich ständig alle Ihre Sinne gleichzeitig nutzen können.

Erleben Sie, um wieviel reicher Ihre Wahrnehmung dadurch wird, wieviel sicherer Ihr Leben durch Ihre Intuition wird. Bleiben Sie ständig „auf Empfang", und leben Sie in und aus der Intuition. Denn wenn die physischen Sinne schlafen, kann die Kraft der Intuition in uns ungehindert wirken, die Seele entfaltet ihr Schwingen und beginnt, die letzten Gedanken des Tages weiterzuführen und zu verwirklichen. *Der letzte Gedanke, mit dem wir einschlafen, veranlasst das Unterbewusstsein während der Nacht, ihn zu verwirklichen.*

Der Lebensschüler wird keinen Abend einschlafen, ohne seinem Nacht-Ich eine Aufgabe gestellt zu haben, die bis zum Morgen einer

Lösung näher gekommen ist. Er richtet unmittelbar vor dem Einschlafen seine Gedanken auf das, was geschehen oder werden soll, oder auf eine Aufgabe des kommenden Tages, bei der er dann am anderen Tage erlebt, dass sie ihm nun bedeutend leichter fällt, ja dass die Dinge und Geschehnisse ihm oft geradezu entgegenkommen.

Üben Sie auch, zu bestimmten Zeiten zu erwachen, zu Zeiten, die Sie sich abends kurz vor dem Einschlafen anschaulich auf dem Zifferblatt einer imaginären Uhr vorstellen. Denken Sie intensiv: „Morgen früh werde ich um ... Uhr frisch und munter erwachen!" Meist genügt ein einziger Versuch, seltener bedarf es mehrerer Wiederholungen.

12

Wie man „zu Bewusstsein" kommt

Vollziehen Sie die folgende Meditation: „Ich mache es mir nun einmal ganz bequem. Ich schließe meine Augen und gestatte meinem Körper, vollkommen bewegungslos zu sein und mache mir bewusst, wer ich wirklich bin. Ich bin nicht der Körper, ich bin vollkommenes, ewiges Bewusstsein. Ich war immer und werde immer sein, denn ICH BIN. Ich bin ein Teil des einen, allumfassenden Bewusstseins. Mein Körper aber ist mein Werkzeug, das mir dient und gehorcht. Und so nehme ich einmal mein Werkzeug Körper ganz liebevoll in Besitz, durchdringe und erfülle meinen Körper bis in die letzte Zelle mit Bewusstsein. Ich bin mir meines ganzen Körpers bewusst und spüre mich nun in meinem Körper als Bewusstsein.

Nun lasse ich mein Bewusstsein weiter werden und öffne von innen mein Kronen-Chakra, die höchste Stelle meines Kopfes, und lasse mein Bewusstsein frei. Ich wachse über mich hinaus, trete hervor als der, der ich wirklich bin, als ICH SELBST. Sobald ich über mich hinausgewachsen bin, tauche ich ein in das allumfassende kosmische Energiefeld. Ich schließe mich bewusst an das „kosmische Netz" an und bleibe von nun an angeschlossen an die EINE KRAFT. Ich bin wieder zurückgekehrt in die Kraft – ich BIN die Kraft. Über mein weit geöffnetes Kronen-Chakra lasse ich die EINE KRAFT in mich einströmen und als Heilkraft in meinem Körper wirken. Ich lasse so ganz bewusst Heilung in meinem Körper geschehen. Ich lasse von nun an ständig Heilung geschehen. Lebe so ständig in einem Heilungsfeld kosmischer Energie. Ich kenne jetzt das Geheimnis immerwährender Gesundheit. Mein Körper bleibt jung, vital und vollkommen gesund. Ich erlebe ganz bewusst, wie Heilung in meinem

Körper geschieht, lasse von nun an in meinem Körper ständig Heilung geschehen.

Sobald ich „über mich hinausgewachsen" bin, bin ich auch angeschlossen an das allumfassende lnformationsfeld des Allbewusstseins und erlebe, wie Intuition ständig geschieht. Ich tauche ganz bewusst ein in die Wahrnehmung der Intuition, bin ab jetzt offen und ständig „auf Empfang". Die Leitung ist ständig frei für die Wahrnehmung der Intuition. Es ist der Durchbruch zur „befreienden Einsicht", der Weg der „ungeteilten Aufmerksamkeit". Ich erkenne so ständig die „Wirklichkeit hinter dem Schein", nehme alles auch energetisch wahr. Ich erinnere mich wieder an den Ursprung, und auch „Erinnerung an die Zukunft" ist so jederzeit möglich. Ich bleibe von jetzt an ständig eingetaucht in das lnformationsfeld des Allbewusstseins, lebe in und aus der Intuition.

So „zu Bewusstsein" gekommen erkenne ich, hier ist keine Persönlichkeit, keine Eigenschaft, nur *reines Sein*. Das „unpersönliche Leben" kann beginnen, und ich gehe künftig absichtslos und unbeeindruckt durch das Leben. Ich erkenne, dass alles, was mir begegnet, „gleich-gültig" für mich ist. Ich habe den Verstand überschritten und lebe multidimensional. Ich erkenne mich als grenzenloses Potenzial und erlebe bewusst die Grenzenlosigkeit meines Seins. Ich bin wieder zurückgekehrt ins wahre Leben, eingetreten in meine natürliche Vollmacht als Schöpfer. Und lebe wieder, wie ich „von der Schöpfung gemeint bin". Das ist der Durchbruch zur „befreienden Einsicht". Ich bin im Meisterbewusstsein und gehe den Weg des reinen folgenlosen Tuns. Ich lebe im TAO. Das ganze Universum ist mein Bewusstsein, und ich lebe von nun an in der „Geistesgegenwart", im kosmischen Bewusstsein und im universellen Denken. Damit habe ich meinen Seinsauftrag erfüllt und erkenne mich wieder als „Ebenbild Gottes." Ich bin endlich wieder zu Bewusstsein gekommen und lebe von nun an als der, der ich wirklich bin. In diesem

Bewusstsein gehe ich ab jetzt durch mein Leben, und wohin ich auch komme, wird die Welt lichter und liebevoller durch mein So-sein.

In diesem Bewusstsein erfülle ich meine Aufgabe, und in diesem Bewusstsein kehre ich nun wieder zurück an die Oberfläche des Seins, zurück ins Hier und Jetzt. Wenn ich dazu bereit bin, öffne ich meine Augen und gestatte meinem Körper, sich wieder frei zu bewegen. Ich bin wieder ganz bewusst im HIER und JETZT, aber jetzt bin ich hier als der, der ich wirklich bin, als ICH SELBST.

Es war Lao-Tse, der die folgende Übung des geistigen Berggipfels zur Erlangung inneren Friedens und gelassener Heiterkeit lehrte:

Setzen Sie sich allein an einen Ort, an dem Sie mindestens eine halbe Stunde lang nicht gestört werden. Sitzen Sie in der Buddha-Haltung, also mit gekreuzten Beinen und im Schoß ruhenden Händen. Ihre Augen sollten sanft geschlossen sein, Ihr Atem langsam und regelmäßig. Nun vergegenwärtigen Sie sich in der Ferne einen majestätischen Berggipfel. Vielleicht haben Sie einmal Bilder vom Fudschijama oder vom Mount Everest in ihrer Schönheit und schneebedeckten Würde gesehen. Machen Sie sich in Gedanken klar, dass der Berg sich aus schattigen Tälern in seine majestätische und sonnige Heiterkeit erhebt.

Beginnen Sie nun, in Gedanken diesen entfernten Berg zu erklimmen. Aus den schattigen Tälern, die Sterblichkeit, Sünde und Krankheit repräsentieren, gelangen Sie allmählich heraus. Während Sie den ersten kleinen Hügel ersteigen, werden Sie sich im Geist zu dem Bewusstsein liebevollen Dienens, der Schönheit und der transzendentalen Freude erheben.

Nun fahren Sie fort, den geheimnisvollen Berg zu ersteigen, bis Sie die erhabenen schneebedeckten Gipfel erreichen, deren Bewölkung ihre scharfen Umrisse verdeckt. Sie werden sich des Mondes, der

Sterne und des Himmels über Ihnen bewusst. Ein geheimnisvoller Schleier von Heiterkeit und majestätischer Würde breitet sich über die schlummernde Erde, es überkommt Sie ein Gefühl tiefen Friedens und seelischer Freude. Alle Probleme, alte Ängste und Sorgen bleiben weit unten in den schattigen Tälern der Sterblichkeit zurück. Während Sie Ihre Gedanken auf den geistigen Berggipfel konzentriert halten, werden Sie den spontanen Ansturm von Begeisterung und Schönheit verspüren, der Ihre Seele durchflutet.

Nun können Sie den gesamten Kosmos umfangen. Plötzlich ist in Ihnen eine absolute Stille, und mit einem Mal werden Sie sich Ihrer Seele bewusst, Sie lauschen der Musik der Sphären und erkennen die kleine stille Stimme der Intuition, die jetzt in Ihrem Inneren spricht. In diesem erhabenen Zustand mystischer Erhebung können Sie kosmisches Bewusstsein erlangen. Sie werden ein spontanes Erkennen inneren Wissens erfahren. Sie werden hohe Ideale haben, die Schönheit Ihrer Seele wird sich entfalten, und diese innere seelische Schönheit wird sich der Welt mitteilen. Sie können in die Unendlichkeit reisen und das Gewand von Gottes unfassbarem leuchtenden Glanz berühren. Diese mystische Erfahrung meditativer Erhebung zu den Gipfeln des Geistes wird Sie für alle Zeit verwandeln.

Sehen Sie sich auf einem hohen Berg stehen, unter Ihnen und über Ihnen nichts als Weite. Rufen Sie nun in diese Weite: „Ich gebe alle Macht, die ich jemals seit Anbeginn meiner Inkarnationen irgendjemandem abgenommen habe oder von jemandem angenommen habe, jetzt wieder zurück." Beobachten Sie dabei, aus welchen Bereichen Ihres Körpers die Energie abfließt und zu ihrem Ursprung zurückgeht, wo immer der auch sein mag.

Danach – aber erst danach – rufen Sie wieder in die Weite: „Ich fordere alle meine Machtaspekte, die ich jemals seit Anbeginn meiner Inkarnationen an irgendjemanden oder an irgendetwas (zum

Beispiel Geld und Gut) abgegeben habe oder die mir gewaltsam abgenommen wurden, jetzt wieder zurück." Beobachten Sie, wie von allen Seiten Energie zu Ihnen zurückfließt und integrieren Sie diese Energie wieder in Ihren Körper. Beobachten Sie auch, in welche Bereiche Ihres Körpers sie zurückfließt. Danach – und erst danach – spüren Sie, wie Sie sich in Ihrer ureigenen Kraft und Energie fühlen. Fordern Sie jetzt alle Ihre Energie des Zorns und der Wut in Ihnen auf, Ihren Körper zu verlassen, oder lassen Sie sie in eine „Auflösungsmaschine" fließen, wo sie in reine göttliche Energie der Liebe verwandelt wird. Nehmen Sie diese Liebe wieder zurück in Ihr Herz.

Benützen Sie folgende Affirmation:
„Ich erkenne jetzt und für immer meine Macht als mein Potenzial der Schöpfung an und behüte sie als Kostbarkeit. Ich erkenne jetzt, dass in dieser Macht das größte Geschenk des Schöpfers liegt, und ich gehe jetzt und für immer verantwortungsvoll damit um. Ich akzeptiere von nun an keine andere Macht mehr, sondern nur noch meine eigene."

13

FLOW – Im Einklang sein mit dem Sein

Freude an der Harmonie des eigenen Handelns finden.
Mich so verhalten, dass ich Achtung vor mir selbst haben kann.

Welche Momente haben mein Leben nachhaltig verändert?
Was macht mir in meinem Leben am meisten Freude?
Womit verbringe ich die meiste Zeit in meinem Leben?
Sind die beiden Bereiche miteinander identisch?
Bei wem fühle ich mich am wohlsten und warum?
Was genau suche ich bei dieser Person und warum?
Was müsste geschehen, damit ich sagen könnte: Das Schönste in meinem Leben ist zu leben?
Was ist der Inhalt, das Thema, der Sinn meines Lebens?

Die Verschwendung von Freizeit beenden.
Mit dem universellen Sinn verschmelzen.
Lernen, ALLES in eine „Flow-Erfahrung" umzuwandeln und Micro-Flow-Aktivitäten bewusst machen.

„Der wichtigste Augenblick in deinem Leben ist jetzt", sagte der Mystiker Meister Eckehart. Es gibt für uns keine negativen Erfahrungen, weil wir erkennen, dass uns Enttäuschungen und Versagungen auf unserem Weg weiterbringen. Selbst Feinde gewinnen eine positive Bedeutung, denn sie fordern uns heraus und ermöglichen uns neue Erfahrungen.

14

Das „Tor des Himmels" öffnen

Wie wir vom linearen über das holistische zum UNIVERSELLEN Denken kommen:

- *Zu Bewusstsein kommen*
Die Auraschichten und Chakren einzeln spüren und aktivieren.
Seinen Atem beobachten, Beobachter sein.
WER ist der Wahrnehmende, ihn loslassen.
Wahrnehmung ohne den Wahrnehmenden erleben.
Erkennen, dass ich beides bin, die Wahrnehmung und das Wahrgenommene.
Erkenntnis des ICH BIN.

- *Beginn der Atemlenkung*
Nur links atmen / rechts ganz tief nach unten atmen / nach oben atmen.
Nur nach vorn / nach hinten / zu beiden Seiten.
Alles gleichzeitig.
Energie atmen – als geistiger Riese atmen.

- *Bewusstes Denken*
Nur links / nur rechts in den Bauch denken, in das Herz denken / ins dritte Auge denken.
Ins Scheitel-Chakra denken – sich die Unterschiede bewusst machen.
Alles gleichzeitig denken = UNIVERSELLES DENKEN.

Nur links und rechts denken = holistisches Denken.

Dabei den Corpus Callossum durch Imagination öffnen wie eine Schiebetür. Aus der linken und rechten Gehirnhälfte einen „Denkraum" machen.

- *Geistesgegenwärtig leben*
Unbeeindruckt durchs Leben gehen.
Probleme, Leid, Krankheit, Mangel finden *nur* auf der Ich-Ebene statt.
Einem jeden geschieht nach seinem Glauben.
Ob Sie glauben, etwas zu schaffen oder nicht, Sie behalten in beiden Fällen Recht.
Alle Dinge sind möglich, dem, der glaubt.
Doch nur *beständiger* Glaube bewirkt Wunder.
„Wer da hat, dem wird gegeben werden, auf dass er die Fülle habe."
Wenn Sie etwas wirklich glauben, ist es den Verhältnissen nicht möglich, sich nicht entsprechend zu ändern.
Die „Ich-Umklammerung des Selbstes" lösen.
Die Selbstvergessenheit beenden und damit die Illusion des Ichs.
Selbst-Identifikation: Ich erkenne mich als ewige, unmanifestierte reine Existenz, als allumfassendes Potenzial.
Im Gewahrsein bleiben, leben als ICH BIN.
„Ihr allesamt seid schlafende Götter. Ihr sollt vollkommen sein, wie der Vater im Himmel vollkommen ist. Ihr werdet Gleiches tun wie ich und Größeres. Ihr seid geschaffen nach dem Ebenbild Gottes."
Als ICH BIN diesen Körper bewusst ganz in Besitz nehmen, benutzen, bewegen, spüren, erleben.
Als ICH BIN in eine Situation gehen, Heilung geschehen lassen, die Zukunft gestalten, denken, fühlen, reden, handeln, essen, arbeiten, schlafen, den Tag beginnen und beenden, die Menschen erleben, die Welt, diese Zeit erleben.
Mich selbst öfter „nachjustieren".
Was ist JETZT die Absicht des ICH BIN?

Ich entlasse mich aus allem, was ICH will.

Ich bin ganz bewusst der ALLES im HIER UND JETZT.

Ich bin alterslos, zeitlos, frei, aber ganz im Hier und Jetzt.

Von nun an bin ich mein eigener Lehrer, löse mich bewusst aus allem bisherigen Erleben und gestalte bewusst diesen Augenblick.

Ich lösche mein Karma und lebe von nun an karmafrei.

Ich lebe alterslos, geistesgegenwärtig und „unpersönlich".

Frei vom „Rad der Wiedergeburt" ist dies meine letzte Inkarnation.

Unbeeindruckt und ledigen Gemütes gehe ich durch mein Leben.

Ich lebe in der Leichtigkeit des Seins.

Ich lebe im TAO und WUWEI.

Ich lebe als Meister, als erwachter Gott, als reines Sein.

Ich erlebe bewusst wahre Konzentration und Ruhen im Tun.

Kontemplation – das Verschmelzen mit dem Tun, mit dem Augenblick.

Ich schaffe mir ein Wohlstandsbewusstsein und lebe in der Fülle.

Ich lebe im Einklang mit meinem Körper, meinem wahren Wesen, mit der Zeit, mit allem.

Ich nutze die Macht des Segnens und werde selbst zum Segen.

Ich erinnere mich an mich selbst beim Einschlafen und beim Aufwachen, mehrmals stündlich, ständig.

ICH BIN bei mir selbst angekommen.

● *Den „Rucksack der Vergangenheit" ausziehen*

Erkennen, ich brauche nichts auszuziehen, nichts zu tun, ich brauche nur MICH SELBST zu leben. Dann erkenne ich im richtigen Augenblick, was JETZT loszulassen ist, und dann stimmt es auch. Denn die Dinge, die ich im Rucksack habe, sind ja dort nicht ohne Grund. Entscheide ich aus dem Verstand, sie jetzt loszulassen, weil es so angenehmer ist, nehme ich mir vielleicht eine wichtige Lektion. Vielleicht wurden mir diese Dinge als „Stolpersteine" in den Weg gelegt, um mich zu veranlassen, bestimmte Schritte zu tun.

Räume ich sie weg, fehlt mir die Orientierung. Lebe ich aber als ICH SELBST, zeigt mir das Leben, WANN WAS zu tun ist, nach und nach und ganz „VOM SELBST".

- *Die Reue loslassen*
Es gibt keine größere Zeit- und Energieverschwendung als Reue. Sie können Ihr Leben ganz einfach ändern, indem Sie jedes Mal, wenn Sie denken, „Wenn ich nur ..." diese Worte gleich umformen in „Das nächste Mal ..." – das nächste Mal werde ich offen sprechen, das nächste Mal werde ich meine Chance ergreifen usw. Und machen Sie es sich zur Gewohnheit zu tun, was zu tun ist, wenn das nächste Mal gekommen ist.

Letztlich lasse ich auch meinen Eigenwillen los aus der Erkenntnis, dass das Leben ohnehin nur das Beste für mich will.
Ich lasse los, gefragt werden zu wollen, verstanden werden zu wollen, beachtet und geliebt werden zu wollen, Recht haben zu wollen, mich durchsetzen zu wollen, alles besser wissen zu wollen usw.
Ich lasse los, mehr sein zu wollen als andere, ja sogar die Absicht, ein guter Mensch sein zu wollen!
Ich lasse auch los, siegen zu wollen, glücklich sein zu wollen.
Letztendlich lasse ich los, überhaupt zu wollen und bin endlich frei zu sein, wie ich bin und wer ich bin und war.

15

Wie sieht Ihre Zukunftsvision aus?

Setzen Sie sich an einem ruhigen Ort bequem hin. Wenn Sie möchten, halten Sie Stift und Papier oder Ihr Tagebuch griffbereit. Schließen Sie die Augen und machen Sie ein paar langsame, tiefe Atemzüge. Fragen Sie sich: „Wie sieht meine Vision von der Zukunft aus? Welche Gefühle habe ich dabei?"

Konzentrieren Sie Ihre Aufmerksamkeit zunächst auf Ihre Gedanken und Gefühle hinsichtlich Ihrer persönlichen Zukunft. Wie stellen Sie sich Ihre Zukunftsaussichten vor, in Bezug auf Ihre Karriere, Ihre Finanzen, Ihre Beziehungen, Ihre Familie, Ihre Freunde, Ihre körperliche Gesundheit und Fitness (einschließlich Ihrer Gefühle bezüglich des Altwerdens) und Ihr allgemeines persönliches Wohlergehen?

Sitzen Sie einfach nur ruhig da, und achten Sie auf alle Gedanken, Gefühle und Bilder, die sich einstellen. Versuchen Sie, sehr ehrlich mit sich selbst zu sein und alle Gedanken und Gefühle zu akzeptieren, die positiven wie die negativen. Einige Ihrer inneren Reaktionen auf diese Fragen sind möglicherweise scheinbar widersprüchlich oder verwirrend. Es könnte zum Beispiel sein, dass ein und dieselbe Sache bei Ihnen zugleich positive und negative Gefühle auslöst. Das ist vollkommen natürlich und ganz in Ordnung. Akzeptieren Sie einfach die ganze Bandbreite Ihrer Gefühle.

Dehnen Sie jetzt Ihre Aufmerksamkeit aus, und stellen Sie sich die Zukunft Ihres Wohnortes, Ihres Landes, der Menschheit, der Umwelt, des Planeten Erde vor. Achten Sie einfach auf die Bilder,

Gedanken und Gefühle, die sich einstellen, wenn Sie sich die Zukunft der Welt ausmalen. Versuchen Sie auch jetzt wieder, so ehrlich wie möglich zu sein, und machen Sie sich keine Sorgen, falls Ihre inneren Reaktionen etwas widersprüchlich oder verworren erscheinen. Es könnte beispielsweise der Gedanke auftauchen: „Es gibt soviel Potenzial für positive Veränderungen, aber ich frage mich, ob wir uns nicht selbst vernichten, ehe wir überhaupt eine Chance haben, diese Veränderungen herbeizuführen!"

Wenn Sie spüren, dass die Übung abgeschlossen ist, öffnen Sie die Augen. Wenn Sie möchten, nehmen Sie Stift und Papier oder Ihr Tagebuch zur Hand, und schreiben Sie möglichst viel von dem auf, was Ihnen in den Sinn kam, als Sie sich Ihre persönliche Zukunft und die Zukunft unseres Planeten vorstellten. Wenn Sie es vorziehen, können Sie auch Buntstifte oder Kreide nehmen und Ihre inneren Bilder und Gefühle malen.

16

Die „Egorevolte"

Auf dem Weg zu „mir selbst" wird mein Ego revoltieren. Ich soll nicht mehr essen, was mir schmeckt, keine Wünsche mehr haben, keine Ziele, ja ich soll nicht einmal mehr „ich" sein.

Hier hilft nur, sein Leben liebevoll, aber bestimmt zu „führen", bei Problemen, Wünschen, Zielen, Lektionen, Schmerz, Krankheit usw.

Dahinter schauen
Die Wirklichkeit hinter dem Schein erkennen.
Vieles kann ich so durch Erkenntnis auflösen.
Ist das nicht möglich, sollte ich

bewusst hindurchgehen
und mich dabei bewusst fragen: Muss ich das wiederholen?
Brauche ich das noch, gehört das noch zu mir?
So lasse ich eins nach dem anderen los, was ich nicht mehr bin.
Das führt dann zum

Leben als „ICH SELBST"

Als „Ich selbst" kommt es nicht darauf an, zu versuchen, das Richtige zu tun. Worauf es wirklich ankommt ist, zu „stimmen", dann stimmt auch das, was ich tue. Dazu gehört, alle Ideale loszulassen, denn auch das beste Ideal führt mich weg von mir selbst. Dazu gehört auch, das Denken zur Wahrnehmung zu erweitern, von der Information zur Intuition zu kommen.

Auf diesem Weg schätze und nutze ich das Ego als Freund und Lehrer, denn nur das Ego zeigt mir zuverlässig und in jedem Augenblick, wo ich gerade nicht ICH SELBST bin.

17

Der Weg VOM ICH ZUM SELBST

Ich erkenne meine Persönlichkeit und gewinne dadurch meine Selbsterkenntnis.

Ich erkenne, dass ich nicht an mein „Kinder-Ich" gebunden bin und dass ich mir jederzeit ein anderes, zu mir passendes Ich schaffen kann.

Ich schaffe mir ein „Erwachsenen-Ich" nach meinen Wünschen und Bedürfnissen, mit allen Eigenschaften und Fähigkeiten, die ich in meiner derzeitigen Situation brauche.

Ich wechsle bei Bedarf noch einmal die „Persönlichkeit" und schaffe mir so eventuell ein „Spirituelles Ich".

Ich mache mir bewusst, WER es ist, der das jeweilige „Ich" geschaffen hat und erkenne so, wer ich wirklich bin.

Von dieser Erkenntnis ausgehend komme ich zur Identifikation mit „mir selbst" und lebe an meinem Platz als der, der ich wirklich bin.

Ich mache mir bewusst, dass ich in der Identifikation mit mir selbst keine Persönlichkeit und kein „Ich" mehr brauche und lasse es einfach los, lebe „ich-los" und tue, was in diesem Augenblick an meinem Platz „stimmig" ist zu tun. Ich brauche keine Eigenschaften mehr, keine Fähigkeiten und Kräfte – ich bin im reinen Sein. Es kann sein, dass ich so auch anderen Menschen bewusst mache, dass sie kein „Ich" mehr brauchen und keine Persönlichkeit, und immer mehr Menschen treten so aus der Illusion hervor in die Wirklichkeit. Und wenn sie „Glück" haben, finden sie jemanden, der ihnen zeigt, wie man „ich-los" in der Wirklichkeit und Einheit lebt.

18

Tue was du tust
Das „Wunder der wahren Konzentration"

Wahre Konzentration hat viel mit Entspannung zu tun. Diese Form der Konzentration sollte deshalb besser als konzentrative Entspannung bezeichnet werden.

Es ist eine solche Vertiefung in mein Tun, dass ich damit förmlich verschmelze, eins werde mit meinem Tun, mich in eine Sache ganz vertiefe und dabei mein Bewusstsein ganz weit werden lasse. Je mehr ich mich konzentriere, desto weiter wird dabei mein Bewusstsein. Ich bleibe ständig vertieft, BEI ALLEM, was ich gerade tue. Ich handle in mich versunken, in einem weiten Bewusstsein. Ich schaffe um mich ein Energiefeld der absoluten Ruhe und versinke völlig in dem, was ich gerade tue.

19

Das „HUNZA-Geheimnis" – „Ruhen im Tun"

Die Hunzas leben in ständiger Harmonie und bleiben auch bei der Arbeit vollkommen entspannt. Je größer die Belastung, desto größer ist ihre Entspannung. Das Ergebnis ist ein ständiges „Gleichgewicht der Kräfte" und damit Harmonie. Es ist ein Leben in ständiger Meditation.

Diese „Belastungs-Entspannungs-Harmonie" bewirkt, dass alles Tun in einem Bewusstsein der Ruhe und Stille geschieht. Je mehr ich tue, desto größer ist die Ruhe, könnte der Leitspruch sein. Natürlich ist in einem solchen Bewusstsein Stress völlig unmöglich. Da so das Bewusstsein ständig in Harmonie, also „heil" ist, überträgt es seine Harmonie, sein Heilsein auch ständig auf den Körper. Man kann sagen, es geschieht ständig Heilung im Körper. Eine Krankheit kann so gar nicht erst entstehen, braucht also auch nicht geheilt zu werden, weil ja Heilung permanent geschieht.

Das lässt sich ohne weiteres auf unsere westliche Lebensweise übertragen. Dazu sind drei Schritte erforderlich:

1.) Ich muss lernen, Heilung „geschehen zu lassen".
2.) Ich ruhe im Tun. Jede Tätigkeit vertieft meine innere Ruhe. Je mehr ich tue, desto ruhiger werde ich.
3.) Ich bleibe ständig in dieser Harmonie, ruhe mich aus im Tun und lasse so ständig Heilung geschehen.

Irgendwann erleben wir dann einen Durchbruch zur befreienden Einsicht – der „Erleuchtung". Der Weg VOM ICH ZUM SELBST ist abgeschlossen, und wir leben im „kosmischen Bewusstsein". Zurückblickend sehen wir, Leben heißt in Wirklichkeit, sich mehr und mehr wieder zu erinnern, und in dem Maße, wie das geschieht, lassen wir unsere Persönlichkeit hinter uns und kommen ins „unpersönliche Leben". Nun geht es darum, herauszufinden, wie man im Höchsten Bewusstsein bleibt, wie man vom Meisterbewusstsein zum Leben als „Ebenbild Gottes" kommt, so wie wir geschaffen und „gemeint" sind. Das ist einfach, aber keineswegs leicht: „Du brauchst dich nicht zu ändern – TRITT HERVOR!" Was dann kommt, ist das eigentliche Leben, und man erkennt, alles Bisherige war nur Vorbereitung. Das Abenteuer des wahren Lebens kann beginnen.

Die Erkenntnis ICH BIN zu sein, ist das Fundament des Bewusstseins. Ganz präsent zu sein und doch nicht anwesend. Da ist kein Körper, kein Gemüt, kein Gedanke, nur *Wahrnehmung*. Das ICH BIN geschehen lassen. Indem ich meine Identität loslasse, werde ich nicht weniger, sondern mehr.

Wann immer Sie können, bleiben Sie einfach in diesem Meisterbewusstsein, heilen Sie so sich und die Welt. Werden Sie so zum Segen für alles und jeden, der Ihnen begegnet.

Es ist sehr anstrengend, als ein „Ich" im höchsten Bewusstsein zu bleiben, denn man kann nicht lange „auf Zehenspitzen stehen", und so fällt man wieder zurück. Das geschieht auch, wenn ich als „Ich" ins „Selbst" gehe. Wenn ich mich aber „er-innere", wer ich wirklich bin, mich mit mir selbst identifiziere und als ICH SELBST lebe, dann falle ich nicht wieder zurück. Ich bin ICH SELBST und bleibe es auch im Alltag!

Dann geschieht ein Entwicklungssprung. Ich komme ganz von selbst vom Wissen zum Tun, durch mein Sein. Also mache ich mir bewusst: Was weiß ich schon lange, weiß, dass es richtig ist, habe es aber bisher noch nicht geschafft, es umzusetzen? Ich integriere es JETZT in mein Sein, und es ist ein Teil von mir geworden, ein Teil meines bewussten Seins.

Dann kann ich gleich auch mein „inneres Wetter" bewusst bestimmen, ganz gleich, was außen ist. Ich kann innen im Lotossitz heiter ruhen oder innen im Liegestuhl in der Sonne liegen. Gehen Sie doch einmal in die Energie „als Fels in der Brandung" in JEDER Situation ruhen.

Gibt es einen besseren Vorsatz, als alle guten Vorsätze zu vergessen und EINFACH ZU SEIN, das „Ich" endlich loszulassen?

20

Das Namasté-Mudra

Falten Sie Ihre Hände, und führen Sie die gefalteten Hände zu Ihrem Herzen. Sie können dabei stehen oder sitzen. Das „Mudra ges Namaste" ist eine kurze, aber sehr effektive Meditation. Es vereinigt uns mit unserem Wesen und verbindet Intellekt und Intuition. Wenn Sie für drei Minuten so verweilen, während Sie ruhig und sanft atmen, werden Sie bereits eine beruhigende, wohltuende Wirkung verspüren. Sie können die Haltung des Namasté-Mudra auch während Ihrer anderen Meditationen einnehmen.

21

„Einladung in den Augenblick"

Durch die Tür des Augenblicks eintreten in die Wirklichkeit des ewigen Seins.

Treten Sie ein in „diesen Augenblick", und stellen Sie sich vor, dieser Augenblick sei ein Ort in Ihnen. Schließen Sie die Augen, öffnen Sie die Tür nach innen, und treten Sie ein in Ihre „lichte Innenwelt". Suchen Sie sich einen schönen Platz in „diesem Augenblick", und machen Sie es sich dort ganz bequem.

Spüren Sie, wie eine Last von Ihnen abfällt, wie Sie sich von allem lösen, was nicht in „diesen Augenblick" gehört, wie Sie ganz im Hier und Jetzt ankommen.

Spüren Sie, wie Sie sich in sich selbst wohlfühlen und „diesen Augenblick" genießen. Lebensfreude kommt auf, und Sie spüren, dass Sie „stimmen" in „diesem Augenblick".

Machen Sie sich einmal bewusst, wie gut es Ihnen geht – in „diesem Augenblick". In „diesem Augenblick" ist es völlig gleichgültig, ob Sie krank oder gesund sind. Sie spüren Ihren Körper gar nicht. Es ist, als ob Sie gar keinen Körper mehr hätten.

In „diesem Augenblick" ist es auch völlig gleichgültig, ob Sie jung oder alt sind, denn Sie haben gar kein Alter, sind „alterslos". In „diesem Augenblick" sind Sie ewig, das ist Ihr eigentlicher, wahrer Zustand.

In „diesem Augenblick" ist es völlig gleichgültig, ob Sie wenig Geld haben oder Schulden oder Millionen, es ist ohne jede Bedeutung. In „diesem Augenblick" sind Sie reines Sein.

In „diesem Augenblick" ist es ganz gleichgültig, ob Sie Erfolg haben, ob Ihre Wünsche sich erfüllt haben, ob Sie Ihre Ziele erreichen konnten. – Sie selbst sind das Ziel, Sie haben alles erreicht, was man in diesem Leben erreichen kann. Sie sind SIE SELBST.

Alle Lebensumstände sind in „diesem Augenblick" völlig gleichgültig, und doch können Sie alles ändern in „diesem Augenblick". Wenn Sie stimmen, spüren Sie auch, was zu Ihnen gehört in „diesem Augenblick", Sie spüren, was „stimmt".

In „diesem Augenblick" sind Sie ganz Sie selbst, und wenn Sie sich wieder einmal begegnen möchten, wenn Sie wieder frei sein wollen und einfach „sein" möchten, dann gehen Sie doch wieder einmal in „diesen Augenblick".

22

Der Weg ins JETZT

Der Weg ins JETZT besteht aus drei Schritten:

1.) Nicht mehr denken.
2.) Eintreten und leben in der Wahrnehmung des JETZT.
3.) Sich selbst folgen und dem folgen, was JETZT ist.

Ganz gleich, welcher Lehre oder Philosophie Sie bisher gefolgt sind, ganz gleich, was Sie falsch gemacht haben oder woher Sie kommen, entscheidend ist nur, wohin Sie JETZT gehen. Wo immer Sie auch gerade stehen mögen, der Weg ins JETZT besteht immer aus den gleichen drei Schritten.

Wann immer Sie denken, sind Sie in der Vergangenheit. Auch wenn Sie über die Zukunft nachdenken, sind Sie in Wirklichkeit in der Vergangenheit. Sie können gar nicht in die Zukunft blicken, Sie kommen immer nur bis ins JETZT. Dort und nur dort findet Leben statt. Solange Sie denken, sind Sie nicht dort, sind Sie nicht im Leben.

Vielleicht müssen Sie, um wirklich vorwärts kommen zu können, zunächst zurückgehen. Ihre Probleme lösen, Ihre Wünsche erfüllen und Ihre (Schein-)Ziele erreichen, um frei zu sein für das JETZT. Damit diese Sie nicht in der Vergangenheit festhalten. Erst dann können Sie diese drei Schritte ins JETZT tun.

Vielleicht halten Sie auch Schuldgefühle und Lektionen in der Vergangenheit fest, aber das alles ist nicht real. Es sind Gefühle, Vorstellungen, Urteile. Sobald Sie das erkannt haben, können Sie die Illusion loslassen. Im JETZT endet auch alle Dualität, und alle Tugenden verlieren nicht nur ihren Wert, sondern ihre Bedeutung, ihren Sinn: Toleranz, Demut, Hochmut usw. Im JETZT gibt es auch keine Botschaft des Körpers und keinen Nachhilfeunterricht mehr. Wenn ich stimme, was sollte mir der Körper, das Leben sagen wollen!? Dann brauche ich auch keinen Rat von einem anderen, der scheinbar „weiter" ist als ich.

Und natürlich gibt es auch keine Fragen mehr, denn ich brauche keine Antwort. Es ist keiner mehr da, der etwas wissen will. Denn mein Leben ist in jedem Augenblick neu und stimmt einfach, wenn ich wirklich DA bin. Es gibt keine Vorschriften, keine Regeln, kein Richtig und Falsch, kein „das musst Du tun", kein Bedauern „hätte ich doch nur", sobald ich mir selbst in diesem Augenblick folge. Aber sogar dieses Folgen entfällt, weil das bereits Vergangenheit ist. Ich brauche nur zu sein, ich bin das Leben, aber nur JETZT. Ich bin das Sein, das Ganze. Der Maßstab, ALLES.

Dieser Augenblick JETZT ist kein Punkt in der linearen Zeit, sondern das ewige JETZT. Es ist kein Teil der Zeit, sondern das Ganze, die Zeitlosigkeit, die Ewigkeit. Dann ist es ohne jede Bedeutung, ob Gott die Welt geschaffen hat und ob es das NICHTS war, das zuvor Gott geschaffen hat, ob wir Geschöpfe sind oder Schöpfer, Teile Gottes oder des Nichts. All das ist müßige Spielerei des klügelnden Verstandes, alles ohne jede Bedeutung, wenn ich im Jetzt ewig BIN.

Das „Tor zum Himmel" befindet sich unmittelbar vor dem JETZT. Die meisten Menschen aber leben in der Hölle des Denkens, sind einen Schritt entfernt vom Paradies des Seins im JETZT. Nur Ihr Denken bringt Sie in die Dualität und in die Zeit. Das Tor zum Himmel ist immer offen, und jeder ist willkommen, der eintritt durch die Tür des Augenblicks ins ewige JETZT.

In welchem Bewusstsein bin ich gestern eingeschlafen, heute morgen erwacht, lese ich dieses Buch?

23

Handeln aus dem Bewusstsein

Entbinden Sie den begrenzten und begrenzenden Verstand von den Aufgaben, denen er nicht gewachsen ist. Denn auf die wirklich wichtigen Fragen kann er keine brauchbare Antwort geben, er kann lediglich Argumente liefern, entweder dafür oder dagegen. Sie müssen dann abwägen, was richtiger erscheint, anstatt zu erkennen, was wirklich richtig IST!

Der Verstand ist ein wunderbarer Diener, aber ein miserabler Herr. Er ist nicht klug genug zu erkennen, dass ein optimales Werkzeug bereits zur Verfügung steht.

Statt krampfhaft Ihre Wünsche selbst erfüllen zu wollen, sollten Sie beschließen, Ihren Willen an Gott zurückzugeben und die Welt aus dem Blickwinkel seines Willens zu betrachten, statt zu experimentieren. Das Ergebnis wird Sie verblüffen, denn alle Dinge, die Sie aussprechen und denken und deren Erfüllung Sie wirklich „gleichgültig" gegenüberstehen, werden in kürzester Zeit auf Sie zukommen.

Ich selbst habe diese Erfahrung viele Male gemacht: Dinge und Wünsche, die mir sehr wichtig waren, erfüllten sich nicht, aber Dinge, die ich eher als weniger wichtig betrachtete, erfüllten sich. Es dauerte eine Weile bis ich begriff, dass hinter der Wichtigkeit der Erfüllung ausschließlich die Angst der Nichterfüllung stand. Fazit: Alle Wünsche, die aus der Illusion von Mangel entstanden, gingen nicht in Erfüllung, und das war gut so!

24

Was ist „schöpferische Imagination"?

Wir alle sind Schöpfer, ob wir uns dessen bewusst sind oder nicht. Bewusst oder unbewusst erschaffen wir Lebensumstände, Ereignisse, Begegnungen, Beziehungen und Dinge. Das können wir nur, weil uns überall eine Substanz zur Verfügung steht, die wir Energie nennen. Diese Energie ist bereit, in jeder gewünschten Form „in Erscheinung" zu treten. Nach Einstein kann Materie in Energie und Energie in Materie umgewandelt werden, da Materie nur eine besondere Erscheinungsform von Energie ist. Schöpferische Imagination ist der Weg, Gedankenenergie in Materie, in Lebensumstände umzuwandeln, denn Gedanken sind „Wirklichkeit schaffende Energie".

Die Fülle wartet darauf, für Sie in Erscheinung treten zu dürfen, und „Schöpferische Imagination" ist der Weg, den erwünschten Endzustand in Erscheinung zu „rufen". Dabei ist es ganz gleich, ob es sich um Gesundheit, beruflichen Erfolg, Partnerschaft oder um spirituelle Entwicklung handelt. Alles gehorcht dem Gesetz von Ursache und Wirkung. Schöpferische Imagination setzt schöpferische Urkraft in Tätigkeit um und bringt hervor, was immer Sie wollen. Denn alles, was Sie sich jemals wünschen können, ist bereits erschaffen. Sie brauchen es nur in Erscheinung zu rufen.

Alle Dinge geschehen zuerst im Bewusstsein, ehe sie im Außen geschehen können, und „Schöpferische Imagination" ist die Transformation einer Vorstellung in die Wirklichkeit und lässt so Zukunft zur Gegenwart werden und Möglichkeiten zur Gewissheit. Dabei handelt es sich keineswegs um etwas Neues, Fremdartiges oder Ungewöhnliches, ja

Sie wenden es bereits täglich unbemerkt an, es ist unsere natürliche Fähigkeit. Worauf es ankommt, ist zu lernen, sie bewusst einzusetzen, um unser Leben und Schicksal frei zu bestimmen.

„Schaffen Sie sich eine erfüllende Zukunft, denn Sie werden den Rest Ihres Lebens darin verbringen."

Schöpferische Imagination ist PERMANENTE SCHÖPFUNG. Sie formt ALLE Gegebenheiten, Tatsachen, Umstände und Situationen in einem STÄNDIGEN Schöpfungsprozess AUTOMATISCH um in den „erwünschten Endzustand", und Sie haben weiter nichts zu tun, als den erwünschten Endzustand dankbar als neue Gegenwart anzunehmen, indem Sie sich wert fühlen, Erfüllung zu empfangen und sich mit dem erwünschten Endzustand zu identifizieren und ihn durch Identifikation „in Besitz" zu nehmen. Schöpferische Imagination ist keine Technik, um zu erhalten, was man will, sondern eine Lebensphilosophie, die Art zu leben, so wie ich „gemeint" bin, das heißt, *zu leben als Schöpfer.*

Schauen wir einmal, wie alles begann. Am Anfang war das NICHTS, die vollkommene Leere als Potenzial für alles. Dieses NICHTS trat als Schöpfer in Erscheinung und begann zu schöpfen. Das Ergebnis nennen wir Universum. Es wird noch immer in JEDEM Augenblick neu erschaffen.

Obwohl wir alle in einer gemeinsamen Welt leben, schafft sich so doch jeder Schöpfer SEINE EIGENE WELT. Wir alle sind als Individuen ungetrennte Teile der EINEN KRAFT und eingeladen, an dieser ständigen Neuschöpfung teilzunehmen und die Welt als Mitschöpfer mitzugestalten.

Der Weg dazu ist einfach, stellt aber höchste Ansprüche an den, der ihn geht, DENN NUR EIN SCHÖPFER KANN SCHÖPFEN!

Wir müssen also zuvor in die Selbst-Identifikation kommen und damit in die Vollmacht gehen. Der „verlorene Sohn" muss zuvor „nach Hause" zurückkehren, dann ist alles ganz einfach. Es ist unser natürlicher Weg, als Schöpfer zu leben.

Schöpferische Imagination ist das, was Sie brauchen, um zu erhalten, was immer Sie wollen. Sie ist das Geheimnis, wie man Zukunft schafft. Der erste Schritt ist, die volle Verantwortung zu übernehmen für das, was JETZT ist. Lehne ich die Verantwortung ab, nehme ich mir damit die „Macht der Veränderung". Solange ich glaube, meine Eltern, Lehrer, Chefs, der Staat, der Zufall, die Zeit, die Umstände und dergleichen sind schuld, mache ich mich selbst machtlos. Erst die Übernahme der vollen Verantwortung verleiht Ihnen die Macht zu erreichen, was immer Sie wollen. Also beschließen Sie jetzt, was Sie wirklich wollen.

Machen Sie sich bewusst, dass Sie die Zukunft frei bestimmen können. Wie der Bauer, der auch nicht wartet, welche Samen der Wind zufällig auf seinen Acker wehen wird, der seine Ernte plant und genau bestimmt, wieviel, wovon, wo und wann etwas wachsen soll. Der Bauer erntet stets genau das, was er gesät hat.

Vor Jahrtausenden waren wir alle noch Nomaden, Sammler und Jäger. Besitz war noch nicht erfunden, die Erde gehörte noch sich selbst. Die Jagd war mühsam und oft erfolglos, und wenn wir nichts fanden, mussten wir hungern. Es war ein großartiger Schritt für die Menschheit, den Ackerbau zu erfinden. Damit hatte der Mensch die Macht zu bestimmen, dass er in Zukunft keinen Hunger mehr leiden musste.

Spirituell sind wir noch immer Nomaden, Sammler und Jäger. Wir jagen heute nicht mehr Mammuts und Säbelzahntiger, heute jagen wir dem Erfolg nach, und noch immer bleibt die Jagd in den meisten

Fällen erfolglos. Wir jagen unserer Gesundheit hinterher oder der idealen Partnerschaft und hoffen und bangen, dass es klappt. Aber allzu oft klappt es eben nicht. Schöpferische Imagination ist nichts anderes als „geistiger Ackerbau": Ihr Acker ist die Zukunft, sie gehört Ihnen, und niemand macht sie Ihnen streitig. Sie können Ihre Zukunft nach Ihren Wünschen gestalten.

Sie können säen, was immer Sie wollen. Ernten aber werden Sie das, was Sie gesät haben. Nicht mehr, nicht weniger und nichts anderes. So wie der physische Ackerbau der Menschheit materiellen Wohlstand gebracht hat, so können die schöpferische Imagination und die bewusste Gestaltung unserer Zukunft uns geistigen Wohlstand bringen und ein erfülltes Leben. Ihre Zukunft gehört Ihnen, machen Sie weisen Gebrauch davon. Halten Sie sich stets vor Augen:

5 % säen wir bewusst,
15 % säen wir unbewusst,
80 % verursachen wir durch unser Sosein.

Wir alle setzen in JEDER Minute unseres Lebens Ursachen, die sich als Glück oder Leid, als Krankheit oder Wohlbefinden, mit einem Wort, als unser Schicksal manifestieren. Schicksal ist MACH-SAL.

25

Was ist „Realität"?

Alles, was wir wahrnehmen, ist Schwingung, und was da schwingt, ist reine Energie. Das zeigt uns auch die Weisheit der Sprache. Das Wort „Realität" besteht aus RE und AL. RE oder RA war im alten Ägypten die Bezeichnung für den Sonnengott, als Symbol für die Quelle der Energie, der Schwingung, des Lichts. Das Wort AL weist auf das All, das Universum, das Ganze. Das Wort Realität bedeutet also „das Ganze" oder „alles ist Energie verschiedener Schwingung". *Das ist Realität.*

In der Bibel im Buch Genesis heißt es: „Im Anfang schuf Gott Himmel und Erde." Es heißt dort nicht: „AM Anfang ..." Das Originalwort lautet „Berascht". BE heißt tatsächlich „IM" und „RASCH" heißt Kopf. Tatsächlich heißt es daher richtig: „IM KOPF schuf Gott Himmel und Erde." An anderer Stelle heißt es: „Am Anfang war das Wort", aber das Original sagt: „Am Anfang war der LOGOS." Das bedeutet zwar auch Wort, aber in erster Linie GEDANKE. So muss es also richtig heißen: „IM KOPF war der GEDANKE."

Die Wissenschaft hat gezeigt, dass der Mensch nicht das wahrnimmt, was ist, sondern das, wovon er glaubt, dass es ist. Wir sehen auch nicht mit den Augen, sondern mit dem Gehirn. Denn die Retina übermittelt dem Gehirn Signale der empfangenen Lichtreize. Erst im Gehirn werden diese Reize zu Farben und Formen zusammengefügt. In Wirklichkeit gibt es weder Licht noch Farbe, sondern lediglich Energie verschiedener Schwingung. Wir können also sagen, dass Realität an sich nicht existiert, sie entsteht erst durch die „Übersetzung" in unserem Gehirn. Sobald wir uns mit der Wirklichkeit hinter dem Schein befassen, müssen wir uns darauf vorbereiten, in eine völlig unbekannte Welt einzutreten, und in dieser neuen Welt müssen wir erkennen, dass die Schöpfung in jedem Augenblick neu beginnt, und zwar „IM KOPF". Wir müssen begreifen, dass sich jeder SEINE Realität selbst ausdenkt oder „einbildet". Das zeigt gleichzeitig die Einheit von Materie, Geist und Realität.

Die eigentliche Realität ist also nicht die Materie, sondern Energie, die durch unterschiedliche Schwingungen entsprechende Formen im Außen „in Erscheinung" treten lässt. Der Ursprung der Realität aber ist der Geist, der die Realität „denkt". Unsere Gedanken sind Energien, die durch ihre Schwingung die Ereignisse im Außen erst schaffen oder jederzeit verändern können. Gedanken sind also nicht etwas, das sich nur in unserem Kopf abspielt, sondern die Schöpfung entsteht „in unserem Kopf". Da jeder Gedanke ein Energiepotenzial ist, hat JEDER Gedanke die Tendenz, sich zu verwirklichen. Je größer dabei das Energiepotenzial Ihrer Gedanken ist, desto machtvoller werden sie sich auch gegen äußeren Widerstand durchsetzen. Was immer Sie denken oder jemals gedacht haben, nichts geht verloren, und Alles kommt zu Ihnen zurück, als Ereignis, als Situation oder als Umstand.

So gibt es auch keine Ungerechtigkeit, denn es kann nur das auf Sie zurückkommen, was SIE zuvor bewusst oder unbewusst ausgesandt haben. SIE sind der Urheber für JEDEN „Zu-fall", der Ihnen begegnet. Realität ist daher jederzeit durch den Geist frei zu bestimmen. Es gibt unendlich viele Möglichkeiten, viele „Videofilme", aber nur einen „Videorekorder". Sie müssen sich daher entscheiden, WAS Sie „in Erscheinung" treten lassen wollen, und das sollten Sie BEWUSST tun. Wir können also sagen, Wirklichkeit entsteht durch „zielgerichtete Energie", und Gedanken *sind* wirklichkeitsschaffende, zielgerichtete Energie. Schöpfung geschieht so in jedem Augenblick.

JEDER Mensch verfügt über begrenzte und unbegrenzte Intelligenz, und es ist seine Entscheidung, von welcher er Gebrauch macht: von seinem begrenzten und damit begrenzenden Intellekt oder seiner potenziell unbegrenzten universellen Intelligenz. Verständlich, dass wir mit dem begrenzten Denken nicht die Aufgaben des unbegrenzten Lebens lösen können. Es ist daher unverzichtbar, dass wir endlich ZU BEWUSSTSEIN kommen.

Vergangenheit und Zukunft sind nur Vorstellungen. Tatsächlich gibt es nur das JETZT, die zeitlose Gegenwart. Vergangenheit und Zukunft entstehen, indem Sie glauben, dass es sie gibt. Die Realität folgt auch hier der Vorstellung. Wahrheit ist daher relativ zu dem Standpunkt, den ich einnehme und dem Grad des Bewusstseins, mit dem ich mich identifiziere. JEDER hat von seinem Standpunkt aus Recht. Wenn ich glaube, dass es eine innere und eine äußere Realität gibt, dann gibt es sie dadurch auch, denn mein Glaube bestimmt die Tatsachen.

Ob Sie glauben, etwas zu schaffen oder nicht, Sie behalten in beiden Fällen Recht. Durch Überzeugung und Glauben entsteht Realität. Sie sind der Ursprung, der Schöpfer Ihrer Realität. Und der Ursprung des Ursprungs ist das EINE BEWUSSTSEIN, das als universeller Schöpfer in Erscheinung tritt.

Wir Menschen sind unglaublich machtvolle Schöpfer. Wir sind sogar so machtvoll, dass wir uns durch die einfache Überzeugung „da bin ich machtlos" tatsächlich machtlos machen können. Doch haben wir in JEDEM Augenblick die Macht, diese Überzeugung wieder zu ändern, und dann sind wir wieder „in der Vollmacht".

Die individuelle Schöpfung beginnt mit der Wahl einer Überzeugung und endet mit dem wertfreien Erleben der eigenen Kreation. Weigert sich ein Schöpfer, seine Kreation zu erleben, bleibt sie solange existent, bis er sie erfahren hat. Ein Grund für die Weigerung, seine eigene Kreation zu erleben, könnte sein, dass ein Schöpfer in der Zwischenzeit seinen Standpunkt gewechselt hat und von seinem neuen Standpunkt aus vielleicht gar nicht mehr erkennt, dass er selbst der Schöpfer dieser Kreation ist.

Irgendwann aber erfährt JEDER, dass seine Überzeugungen unmittelbare Konsequenzen für sein Leben haben. Um etwas real werden zu lassen, muss ich also daran glauben. Damit es für andere real wird, müssen die anderen daran glauben. Wir erschaffen Möglichkeiten, indem wir uns in sie „hinein-überzeugen".

Sobald man entdeckt, dass man für seine Schöpfungen selbst verantwortlich ist, entstehen heitere Gelassenheit und eine unerschütterliche Souveränität. Widerstand gegen die Übernahme der vollen Verantwortung für seine Schöpfung aber erzeugt im Menschen Leid.

Lassen Sie das, mit dem Sie sich jetzt identifizieren, nicht dem im Weg stehen, was Sie wirklich sind. Die „Schule des Lebens" ist der Weg, den das Bewusstsein wählt, sich an sich selbst zu erinnern. Sie sind nicht Ihre Vorstellung von sich – es sei denn, Sie glauben es. In Wirklichkeit sind Sie nichts, was Sie denken oder wahrnehmen können. *Sie sind der, der wahrnimmt und denkt.*

26

Das „Geheimnis der KAHUNA"

IKE – KALA – KANNALOA – MAKIA – MANAWA

IKE

Ich bin mir bewusst, dass die Welt meinen Gedanken entspricht. Realität ist das, was ich in diesem Augenblick erschaffe.

Sie entsteht durch meine Überzeugungen, Erwartungen, Wünsche, Ängste, Beurteilungen, Interpretationen, Gefühle und Absichten, ganz gleich, ob diese bewusst oder unbewusst sind.

Der Grad der Verwirklichung ist abhängig vom Grad meines Glaubens.

Meine Welt ist ein erweitertes Abbild meines Bewusstseins.

Das bestimmt auch die Zu-fälle, die Lebensumstände, Situationen, Begegnungen, Ereignisse.

KALA

Ein bewusster Prozess der Befreiung von einschränkenden Vorstellungen und Überzeugungen – Erkennen der eigenen Grenzenlosigkeit. Das heißt auch, frei von Schuld, Selbstverurteilung und Vorurteil zu sein und Urteile aufzugeben, indem ich allen alles vergebe. Es heißt auch, grenzenlos gut zu sein. Das aktiviert die innere Quelle der „schöpferischen Urkraft", und ich kann alles Erwünschte einfach „geschehen lassen". Ich kann alles loslassen, was ich nicht wirklich bin und kehre zurück in die Wirklichkeit durch Auflösung der Illusion des Ich.

KANALOA

Das Wort bedeutet, mir meines wahren Selbstes bewusst sein als Gott, der in eine menschliche Erfahrung geht, und der auch als Mensch vollkommen bewusst, liebevoll und kraftvoll in der spirituellen wie in der materiellen Welt zu Hause ist. Es bedeutet aber auch: „Am besten", also als Gott in meinem Menschsein zu „erwachen" und zu leben als erwachtes Ebenbild Gottes. Das bedeutet vollkommene Selbstidentifikation und Rückkehr in die Vollmacht. Es bedeutet auch „vollkommenes Gewahrwerden" der Wirklichkeit. Alle meine Aspekte sind eins, ich bin der ALLES, das GANZE und NICHTS.

MAKIA

Dieses Wort bedeutet Konzentrieren der Gedanken, der Emotionen und der Imagination auf ein klares Ziel, auf das, was sein soll, den mit mir übereinstimmenden erwünschten Endzustand, und mein Bewusstsein darauf gerichtet halten. Das heißt, einen Zustand zu schaffen, in dem die Dinge auf natürliche Weise „geschehen", ohne sie durch äußeres Tun herbeizuführen. Denn die schöpferische Energie folgt der Aufmerksamkeit des Bewusstseins und verwirklicht, worauf immer sich die Aufmerksamkeit des Bewusstseins richtet. Alles, worauf man sich so konzentriert, wird sich auf die nächstmögliche Weise verwirklichen. Das erfordert auch, mich wirklich des Gewünschten wert zu fühlen, sodass es sich ganz natürlich anfühlt, wenn ich mich in dem erwünschten Endzustand erlebe und diesen erwünschten Endzustand durch Identifikation in Besitz nehme. Es heißt auch, die Energie des erfüllten Wunsches zu halten und in der Gewissheit der Erfüllung zu leben.

MANAWA

Dieses Wort bedeutet: Jetzt ist der Augenblick der Macht, MANA, die schöpferische Urkraft so zu steuern, dass ein bestimmtes erwünschtes Ziel sicher erreicht wird und zu erleben, dass geschehen IST, was ich gerade manifestiere. Dabei bin ich weder an eine Erfahrung der Vergangenheit noch an die Grenzen meiner Persönlichkeit, noch an frühere Vorstellungen der Zukunft gebunden und kann IN DIE-SEM AUGENBLICK alles, *wirklich alles*, ändern, auch mein Sosein.

JEDE Absicht, die so im Bewusstsein vorgetragen oder bewegt wird, MUSS sich erfüllen, wenn ich im Bewusstsein bleibe, bis es vollbracht ist. Sonst geschieht Erfüllung im Bewusstsein, aber es ist keiner da, sie in Empfang zu nehmen. Erfüllung geschieht dann zwar, aber *ich* bin nicht mehr da. Denn erst die Anwendung dieser Kräfte aktiviert das schlummernde Potenzial des wahren Menschen, der in JEDEM VON UNS darauf wartet, gerufen zu werden.

Stellen Sie sich vor, Sie sind ein Sender und senden ständig Energie einer bestimmten Schwingung aus. Mit dieser Schwingung ziehen Sie ganz bestimmte Ereignisse und Umstände in Ihr Leben. Und ebenso zuverlässig schließen Sie damit andere Ereignisse und Umstände aus, auch wenn Sie sich diese noch so sehr wünschen oder sie ganz dringend brauchen. Das, was Sie so verursachen, erleben Sie dann als Ihr Schicksal.

Ein Radio-Schwingkreis wird durch Schwingungen einer bestimmten Frequenz selbst zum Schwingen angeregt, während er Schwingungen anderer Frequenzen ignoriert. Wenn man die Abstimmung des Schwingkreises ändert, was man zum Beispiel macht, wenn man am Radioempfänger einen anderen Sender einstellt, kann man genau auswählen, welche Frequenzen man empfängt. Alle anderen Frequenzen werden dann ignoriert. Das menschliche Gehör reagiert auf Frequenzen von 20 bis 20.000 Schwingungszyklen in der Sekunde. Schwingungen außerhalb dieses Bereiches werden ignoriert, also vom Gehör nicht wahrgenommen.

Diese Modelle zeigen, dass viele denkbare Hintergrundrealitäten gleichzeitig existieren können, von denen uns einige realer oder tatsächlicher erscheinen als andere. Das hängt davon ab, wie wir unseren

„Empfänger" gerade eingestellt haben oder worauf wir uns gerade konzentrieren (fokussieren). Stark vereinfacht gesagt: Jedes Ereignis, jede Situation oder jeder Zustand vollzieht sich in unendlichen Variationen gleichzeitig.

Der „Realitätsempfänger", der bewirkt, dass sich das Bewusstsein auf eine bestimmte Realität konzentriert und andere Realitäten ignoriert, ist die Überzeugungs-Gedankenform, mit der sich das Bewusstsein identifiziert hat, also das SELBST. Indem man das SELBST modifiziert oder wechselt, ändert man die Art und Weise, wie man die Realität erlebt, oder besser gesagt, man ändert damit eine bestimmte Facette der Realität, auf die man sich konzentriert.

Dadurch erhalten wir einen wichtigen Schlüssel für das Schaffen der Realitäten, die wir gerne erleben möchten: Man übersetzt das, was man erleben möchte, in Überzeugungen, und diese fasst man zu einem SELBST zusammen.

Wenn Du Glücklichsein erleben willst, dann sei ein glücklicher Mensch, denn nur ein Narr würde darauf warten, dass die Welt ihn glücklich macht.

Üben Sie regelmäßig, Erlebnisse in Überzeugungen zu übersetzen.

Überlegen Sie sich, wovon jemand überzeugt sein müsste, um bestimmte Erlebnisse zu haben. Spielen Sie das durch für viele Erlebnisse, aktuelle wie auch historische. Zum Beispiel: Für wen musste sich Präsident Kennedy (oder Nixon, Carter oder Reagan usw.) gehalten haben, um die Erlebnisse anzuziehen, die er angezogen hat?

„Realistisch", sagte der Zauberer, „heißt einfach, dass du unter den gegebenen Umständen in deinem Leben selbst bestimmen kannst, dass es möglich ist, diese Umstände zu erreichen." Aber manche

Menschen stecken sich Ziele – und die Art und Weise, wie sie diese Ziele setzen, besteht darin, dass sie die Ziele so festlegen, dass sie unweigerlich scheitern müssen. Sie setzen sich selbst unrealistische Ziele, um sich selbst etwas zu beweisen. Aber das ist nicht die richtige Art, sich Ziele zu setzen. Die richtige Art besteht darin, die Ziele SO zu setzen, dass sie erreichbar sind.

27

Von der bloßen Vorstellung zur bewussten „schöpferischen Imagination"

Alles, was Sie denken und glauben können, das können Sie auch erreichen. „Bittet um was Ihr wollt, glaubt nur, dass Ihr es erhalten *habt*, und es wird Euch werden." Halten Sie sich an folgende Regeln:

1.) Einen unerwünschten Umstand erkennen und sofort imaginativ umformen in den erwünschten Endzustand.

2.) Die Eigenschwingung und die Zielschwingung in Einklang bringen (Gesetz der Resonanz).

3.) Den erwünschten Endzustand verbal schriftlich in die Gegenwart versetzen: „Ich HABE bekommen", „Es ist gelöst, geschehen, vollbracht" usw.

4.) Sich imaginativ in die Erfüllung versetzen und die Erfüllung erleben, sich so mit dem erwünschten Endzustand imaginativ verbinden.

5.) Sicherstellen, dass es sich natürlich und zu mir gehörig anfühlt. Spüren, dass es so „stimmt". Mich wert fühlen, Erfüllung JETZT erhalten zu HABEN, denn das Leben kann mir nichts geben, das ich mir selbst versage.

6.) Durch Identifikation mit dem erwünschten Endzustand diesen geistig in Besitz nehmen. Sich dabei in verschiedenen Si-

tuationen in der Erfüllung erleben und den erwünschten Endzustand so zur geistigen Realität machen.

7.) Den erwünschten Endzustand imaginativ in die individuelle
Zeitlinie einfügen und dort festmachen. Vom Ziel aus auf der
individuellen Zeitlinie entlang zum JETZT schauen und dabei alle zur Erfüllung erforderlichen Ereignisse hervorrufen
und erzeugen.

8.) In der Gewissheit des Glaubens, dass es geschehen *ist*, die
Energie des erfüllten Wunsches erzeugen und halten, bis die
Erfüllung „in Erscheinung getreten ist. Jedesmal, wenn Sie
daran denken, die „Gewissheit des Glaubens" vertiefen und
sich mit Freude und Dankbarkeit erfüllen, dass es „geschehen
ist". Die Freude und Dankbarkeit spüren und fühlen.

9.) Dann wieder vollkommen loslassen und einfach alles vergessen.

Ich kann bewusst jede beliebige Energie abrufen, in mir aktivieren und wirken lassen: Klarheit, Freude, Liebe, Leichtigkeit, Vitalität, Erfüllung, Erfolg, Wohlstand auf allen Ebenen, Unbesiegbar-
keit, Heilung usw. Auf diese Weise löse ich alles „Unheil" auf.

28

Die „Gesetze des Wohlstands"

1.) Das Universum ist voller Überfluss.

2.) Das Universum ist bereit, seine Fülle mit mir zu teilen, mir ALLES zu geben, ich brauche es nur „in Erscheinung zu rufen".

3.) Alles beginnt mit einer Idee. Deshalb ist eine Idee ohne Ausführung eine versäumte Möglichkeit.

4.) Das Leben reagiert auf Ihre Anweisungen: Situationen, Begegnungen, Schicksal, Umstände, Zufall, Geld, alles folgt Ihren Anweisungen.

Wenn Sie Geld auf einen Tisch legen, wird es dort bleiben und auf Ihre Anweisungen warten. Es unternimmt nichts von selbst. Es geht nicht weg, ohne Ihre Anweisung, aber es kommt auch erst gar nicht zu Ihnen, ohne Ihre Anweisung.

Der Gedanke an Mangel, Begrenzung IST eine Anweisung, und Ihre „innere Dimension" bestimmt den Teil der Fülle, der sich in Ihrem Leben manifestieren kann.

Wir alle haben ein „Stipendium" in der „Schule des Lebens", denn wir werden für die Teilnahme am Unterricht auch noch bezahlt und nennen das dann „unser Einkommen".

29

Das „Geheimnis der Realität"

Das Geheimnis der Realität besteht darin, dass Realität im eigentlichen Sinne, also als eine Tatsache, gar nicht existiert. Realität entsteht in jedem Augenblick neu, indem bewusst oder unbewusst Schöpfungskraft durch das Dia der eigenen Überzeugungen Form annimmt, als das, was wir Realität nennen. Der Ursprung der erfahrenen Realität sind die eigenen Überzeugungen. Überzeugungen aber können wir frei wählen. Lernen Sie, sich zu überzeugen, wovon immer Sie wollen. Sie haben immer Recht, da die Wirklichkeit Ihrer Überzeugung folgt.

Der übliche Ausgangspunkt ist ein Wunsch, eine Absicht, ein Ziel. Damit aber habe ich mich bereits von der Erfüllung getrennt. Auch wenn ich mir ständig einrede: „Ich bekomme viel Geld", sage ich mir eigentlich: „Ich habe kein Geld." Oder wenn ich sage: „Ich werde wieder ganz gesund", sage ich damit eigentlich: „Ich bin es nicht."

Der Meister, der die Realität beherrscht, denkt, fühlt, redet und handelt „vom Ziel aus"! Also nicht mehr wollen, sondern HABEN. Nicht mehr werden, sondern SEIN. Seien Sie jetzt einmal vollkommen gesund! Spüren Sie in Ihrem Körper die vollkommene Gesundheit! Bleiben Sie in dieser Gewissheit – das ist das ganze Geheimnis. Seien Sie JETZT erfolgreich, frei, souverän, unbesiegbar usw.

Vielleicht sagen Sie jetzt: „Aber das ist doch nur Einbildung!" Und genau das ist es, Realität wird im wahrsten Sinne des Wortes „ein-gebildet".

30

Aufmerksamkeit

Aufmerksamkeit ist die „schöpferische Energie", die Realität erschafft und aufrecht erhält. Sie kann durch den bewussten Willen gelenkt werden. Es ist die Aufgabe des bewussten Willens, Aufmerksamkeit zu lenken, auf etwas gerichtet zu halten und wieder abzuziehen. Wird die Aufmerksamkeit nicht durch den bewussten Willen gelenkt, reagiert sie auf Impulse aus der Umgebung oder handelt entsprechend früherer Verhaltensmuster. Neues und Veränderung binden Aufmerksamkeit, ansonsten folgt die Aufmerksamkeit der Richtung des Bewusstseins.

Machen Sie doch einmal die folgende Übung: Richten Sie Ihre Aufmerksamkeit auf den Raum, in dem Sie sich befinden, und machen Sie sich bewusst, wie unterschiedlich die Dinge Ihre Aufmerksamkeit auf sich ziehen oder auch nicht. Das wird in einer unbekannten Umgebung eine stärkere Erfahrung sein, als in einer vertrauten. Lassen Sie nun einmal die Ereignisse des heutigen Tages in Ihrem Bewusstsein vorüberziehen. Was zieht Ihre Aufmerksamkeit an, wo bleibt sie neutral, und was stößt sie ab?

Machen Sie das Gleiche mit der vergangenen Woche, dem Monat, dem Jahr, dem ganzen Leben. Machen Sie sich bewusst, WODURCH Ihre Aufmerksamkeit angezogen wird oder nicht. Was verstärkt oder schwächt Ihre Aufmerksamkeit? Und nun lassen Sie die Ereignisse noch einmal vorüberziehen, OHNE darauf zu reagieren.

Wenn Ihre Aufmerksamkeit an einer bestimmten Sache haften bleibt, konzentrieren Sie sich noch einmal auf diesen Bereich, und ziehen Sie Ihre Aufmerksamkeit wieder bewusst ab. Eventuell wiederholen, bis die Aufmerksamkeit wieder gelöst bleibt.

31

Bewusstes Geschehenlassen

Dies ist ein Weg, den jeder geht, und trotzdem kaum jemand als Weg erkennt, da er über die Grenzen des Verstandes hinausgeht und daher kaum wahrgenommen wird: die „Verlagerung der Aufmerksamkeit". Wie verlagert man seine Aufmerksamkeit? Nun, einfach indem man es tut, OHNE darüber nachzudenken, wie das wohl funktioniert. Stellen Sie sich einfach vor, Sie könnten es. Und dann tun Sie es.

Als Brücke können Sie die Imagination anwenden. Stellen Sie sich vor, Sie verlagern Ihre Aufmerksamkeit auf die Ebene des reinen Seins. Natürlich ist das *nicht* vorstellbar, aber eben doch möglich, und so führt diese nicht vorstellbare Vorstellung gerade dadurch zur Verlagerung der Imagination.

Sie tun einfach so, als seien Sie Sie selbst und verhalten sich entsprechend. Das funktioniert deshalb, weil Sie ja schon immer Sie selbst sind, und so führt dieses Tun direkt zum Sein. Die Aufmerksamkeit verlagert sich dadurch auf das Sein – Sie sind im Sein, das heißt, Sie sind nun *bewusst* im Sein – unbewusst waren Sie es ja vorher auch schon. Diese Übung führt gerade deswegen zum Erfolg, weil sie für den Verstand nicht nachvollziehbar ist und ihn dadurch überschreitet. Aber weil sie nicht vorstellbar ist, überschreitet sie auch die Imagination, und das „Ich" wird zum Selbst.

Um meiner Phantasie keine Zügel anzulegen, kann ich mir vorstellen, ich sei ein Zauberer und zaubere jetzt die einzelnen Aspekte meines Lebens. Ich bin dabei völlig frei, ich brauche es nur zu denken, zu sagen, und es geschieht. Ich zaubere zunächst einmal in meiner Phantasie meinen Wunschtraum. Denn sobald ich genau weiß, was ich will, ergibt sich auch ein Weg, wie ich dieses Ziel erreiche. – Halten Sie sich stets vor Augen: Sie können vom Leben *alles* bekommen!

Dabei sollten Sie aber auf keinen Fall Ihre GEHEIMEN Wünsche und Sehnsüchte vergessen, die Sie sich vielleicht selbst nicht mehr eingestehen, ja die Sie nicht einmal mehr wissen. Stellen Sie sich einfach vor, Sie seien ein Pharao, und Ihr Wort sei Gesetz. Und nun überlegen Sie:

- Warum tue ich das, was ich derzeit tue?
- Was will ich damit erreichen?
- In welchem Alter habe ich zum ersten Mal über mich nachgedacht?
- Wer bin ich wirklich, und was will ich vom Leben?
- Und natürlich, wie kann ich es erreichen?
- Wie lauten Ihre Antworten? Welche Konsequenzen ziehen Sie daraus?
- Auf welche Weise haben Sie versucht, Ihr Ziel zu erreichen?
- Und warum haben Sie es dann nicht erreicht?
- Woran würde es denn HEUTE scheitern? Würden Ihre Bemühungen wieder scheitern?
- Wie müsste eine Wohnung sein, damit sie mir ganz entspricht, dass ich wohnen als Therapie erlebe, dass mich allein schon der Gedanke an meine Wohnung heilt?
- Gleiches gilt natürlich für meine Tätigkeit: Welche Art Tätigkeit würde mir ganz entsprechen, mich ganz erfüllen, sodass ich davon träume und sie am liebsten ständig machen möchte?
- Wie müsste meine Partnerschaft aussehen, um meinem Ideal zu entsprechen? Dass ich glücklich bin, allein schon, wenn ich mein Bewusstsein darauf richte? Dass das Zusammensein mit dem Partner/der Partnerin wirklich uns BEIDE erfüllt? Dass

wir voneinander träumen, vor allem aber, das wir *miteinander* träumen? Dass wir einen gemeinsamen Traum vom Leben haben, den wir miteinander verwirklichen – unseren „Wunschtraum"? Dass wir miteinander im „Wir-Bewusstsein" leben?

- Wie fühle ich mich in meinem Körper?
- Wie einverstanden bin ich mit meinem Körper?
- Was stimmt nicht und warum nicht?
- Was müsste geschehen, damit das stimmt? Der Körper ist immer nur der Ausdruck einer dahinter stehenden Wirklichkeit.
- Wie also müsste ich leben, um wirklich glücklich zu sein in meinem Körper?
- Weshalb habe ich speziell diese Krankheit, diese Beschwerden, diese Symptome?
- Wofür sind diese Krankheit, diese Beschwerden, diese Symptome der Ausdruck?
- Was will mir all das sagen – wohin will es mich führen?

- Alles will mich immer nur zum „HEILSEIN" führen!
- So betrachte ich auch meine geistige Entwicklung.
- Was wüsste ich noch gern?
- Welche Erkenntnisse hätte ich gern?
- Welche Erfahrungen würde ich noch gerne machen?
- Was würde ich gerne erleben?
- Was würde mein Leben reicher machen?
- Wie könnte ich mich von Begrenzungen freimachen?
- Wie könnte ich über mich hinauswachsen, um der zu werden, der ich eigentlich bin und immer war?
- In welchem Bewusstsein würde ich gerne leben?
- Als WER würde ich gerne leben?
- Wie würde ich mich gerne fühlen?
- Wie würde ich gerne SEIN?
- Welche Schritte muss ich machen, um genau dahin zu kommen, dass mein Leben wirklich unvergleichlich schön ist? Dass MEIN

Leben ein Rausch ist, vor allem, dass ich wirklich MEIN Leben lebe!
- Was gehört eigentlich gar nicht mehr zu meinem Leben?
- Was hätte ich schon längst loslassen sollen, damit ich in die Grenzenlosigkeit dieses Augenblicks komme und die unendliche Fülle der Möglichkeiten ausschöpfen kann?
- In welche Richtung muss ich mich wenden „aus diesem Augenblick"?
- Was ist das Ziel meines Lebens?
- Wo will ich am Ende angekommen sein?
- Ist es ein Ort, eine Form, ein Sein oder eine Beziehung?
- Was genau strebe ich an und WARUM?
- Will ich das alles wirklich, oder verspreche ich mir nur etwas davon?

32

Der Glaube

Ein anderes hochwirksames, aber fast unbekanntes Heilmittel ist der Glaube. Nicht umsonst heißt es:

„Alle Dinge sind möglich dem, der da glaubt." (Markus 9/23)

Wir glauben zuviel an den praktischen Wert des Wissens und wissen zuwenig vom praktischen Wert des Glaubens.

Glaube ist das Erinnern an die eigene, göttliche Natur des Menschen. Jesus sagte stets: „Dir geschehe nach deinem Glauben", und das ist ein geistiges Gesetz. Sorgen wir also dafür, dass wir stets *das Richtige* glauben. Denn nicht, was wir wollen, geschieht, sondern das, was wir glauben. Die Geisteskraft des Glaubens schließt uns an die „eine Kraft des Universums" an, sodass nichts mehr unmöglich ist.

WISSEN STELLT TATSACHEN FEST,
GLAUBEN SCHAFFT TATSACHEN.

„Alles, worum Ihr bittet, glaubt, dass Ihr es erhalten *habt,* und es wird euch *werden."*

Glaube ist ein „inneres Wissen", eine Gewissheit, die nicht von äußeren Beweisen abhängt. Es ist ein inneres Erkennen der Wahrheit und der Wirklichkeit. Wahrer Glaube ist die innere Gewissheit, dass das Erwünschte in Erscheinung treten muss, wenn ich mich der „einen Kraft" ganz öffne und sie auf das erwünschte Ziel lenke.

Der Sinn des Dankens ist es, dass man für etwas dankt, das man erhalten hat, und damit verlegt man die Erfüllung ins JETZT.

Je nach Art Ihres Glaubens arbeitet dieser für oder gegen Sie, denn die Kraft des Glaubens verwirklicht das, wovon Sie innerlich überzeugt sind. Heilender Glaube ist jener, der nicht mehr auf den äußeren Schein, sondern auf das innere Sein blickt und damit verursacht, dass es sich auch außen manifestiert, sich als Umstand oder als Heilung verwirklicht. Paracelsus erkannte schon im 16. Jahrhundert, dass die Vorstellung die Ursache vieler Krankheiten ist, der Glaube aber alle Krankheiten heilt.

33

Die Macht des Glaubens

Das, was ich glaube, bestimmt das, was ich erlebe. Manche Menschen behaupten, etwas Bestimmtes zu glauben, aber dann etwas ganz anderes zu erleben. Aber diese Menschen glauben nicht wirklich, sondern sprechen nur von dem, was sie ihrer Meinung nach glauben sollen. Das, was ich glauben soll, hat keinen Einfluss auf die Realität, die ich erlebe. Ich kann nicht wirklich glauben, was ich glauben SOLL, aber ich kann frei wählen, was ich glauben WILL. Indem ich die Inhalte meines Glaubens frei wähle, bestimme ich die daraus folgende Realität.

Jede Realität ist bereit, sich zu verändern, alle Gegebenheiten sind die Folge von vorherigen Überzeugungen. Realität ist weder gut noch schlecht, sie ist weder angenehm noch unangenehm – sie IST.

34

Gesund für immer

Für immer gesund zu sein ist scheinbar ein utopischer Traum und doch in jedem Augenblick erreichbar und damit Realität. Auch in der heutigen Zeit gibt es Völker, die keine Ärzte kennen, weil es keine Krankheiten gibt, die nicht in Rente gehen, weil Hundertjährige dort so vital sind wie Zwanzigjährige.

Wir aber treiben Raubbau mit unseren Kräften, anstatt die Gesetze der Natur zu beachten und im Einklang mit der Schöpfung zu leben. Hier geht es uns nicht darum, wie Sie Symptome bekämpfen können oder bessere Heilungstechniken erlernen, sondern wie Sie wieder in das Bewusstsein des „Heil-Seins" gelangen. Sie lernen, sich wieder mit dem zu identifizieren, der Sie wirklich sind, mit sich selbst. Diese Selbst-Identifikation lässt Ihren Körper von selbst gesunden. Ihr Körper ist nur die Projektionsfläche Ihres Bewusstseins. Wenn mit Ihrem Körper etwas nicht stimmt, zeigt das nur die Unstimmigkeit in Ihrem Bewusstsein, lässt der Körper diese Unstimmigkeit im Außen sichtbar werden. Wann immer ich mit etwas nicht einverstanden bin, kann ich nicht in Harmonie sein, und mein Körper muss diese Disharmonie widerspiegeln. Ebenso zuverlässig aber spiegelt der Körper Gesundheit und Vitalität wieder, wenn ich im Einklang mit mir selbst bin.

Solange wir unseren Vertrag mit der Natur einhalten, solange tut auch die Natur ihren Teil. Weder der beste Arzt noch das teuerste Medikament können heilen –heilen kann nur die Heilkraft in uns selbst. Die aber wartet darauf, dass wir sie aktivieren, sie ist bereit, unseren Körper gesund und vital zu halten, solange wir ihn brauchen. Sobald wir die „Innenwelt-Verschmutzung" beseitigen, kann Heilung geschehen, können wir als neuer Mensch in ein neues Leben treten.

35

Der bewusste Wille

Die Entwicklung des bewussten Willens wird durch Erziehung und Umwelteinflüsse unterdrückt, als etwas Negatives, als Eigenwilligkeit, als Halsstarrigkeit oder Widerspenstigkeit bezeichnet. Das Befolgen von Regeln und Vorschriften dagegen wird als etwas Positives angesehen. Dieser Mangel an individuellem Willen erzeugt den Wunsch nach Richtlinien und gültigen Maßstäben für das eigene Handeln. Erwacht der eigene Wille doch einmal, wie etwa in der Pubertät, wird er verschämt unterdrückt. Es ist daher erforderlich, diese unnatürliche Sicht der Dinge zu erkennen, seinen natürlichen Willen aus dem Netz unnatürlicher Verhaltensmuster zu befreien und ihn zu erproben und zu trainieren. Sich nicht mehr irgendwelche Überzeugungen aufdrängen zu lassen, sondern bewusst aus der eigenen inneren Weisheit zu handeln. Die Macht des eigenen Willens bewusst und schöpfungsgerecht einsetzen zu lernen beginnt damit, dass man das eigene Verhalten unter die Kontrolle des bewussten Willens stellt.

Das beginnt damit, dass Sie sich bei allem, was Sie gerade tun, bewusst machen, warum Sie es tun und ob Sie das wirklich wollen, oder ob es sich um eine Gewohnheit, Erfahrung oder ein aufgesetztes Verhaltensmuster handelt. Sie sollten also bei jedem Impuls zum Handeln seinen Ursprung erkennen und ihm nur folgen, wenn der eigene bewusste Wille dem Vorhaben zustimmt. Auf diese Weise handeln Sie allmählich als bewusster Wille aus dem Gewahrsein heraus.

Machen Sie sich bei jeder Entscheidung bewusst, dass Sie sich auch anders entscheiden könnten. Begründen Sie Ihre Entscheidung vor sich selbst, und geben Sie sie nur dann zum Handeln frei, wenn sie mit dem eigenen Sein übereinstimmt.

Lächeln Sie bewusst, bis Freude aufkommt. Denken Sie bewusst „Ich bin glücklich", bis Sie lächeln. Tragen Sie jeden Tag „das Hemd eines Glücklichen". Lassen Sie bewusst „Gesundheit geschehen", bestimmen Sie Ihre Laune jeden Morgen durch bewusstes Wollen usw. Demonstrieren Sie sich selbst auf diese Weise, welchen Einfluss der Wille auf Ihr Leben hat.

36

Die Zeit – das Leben wird immer „schneller"

Um in Ein-Klang zu kommen, muss ich meine eigene Schwingung angleichen, meine Körper-Energie-Schwingung an die Zeit-Energie-Schwingung anpassen. Das bedeutet für die meisten Menschen, die eigene Körperschwingung zu erhöhen. Im Ein-Klang leben mit der Zeitenergie bedeutet Wohlgefühl und „stimmig" sein.

Auch wenn Sie in einer spirituellen Schwingung leben, müssen Sie nicht zwangsläufig in Harmonie mit der Weltschwingung sein. Aber auch wenn Ihre eigene Schwingung höher ist als die Zeitschwingung, ist das anstrengend und lässt Sie altern, weil die Zeitschwingung an Ihnen zerrt.

Bringen Sie auch Ihre Chakren-Schwingung einzeln und insgesamt in Ein-Klang. Die sieben Chakren haben sieben Töne. Finden Sie den Grundton, der aus dem Gleichklang aller sieben Töne besteht (Grundton = Kammerton A). Finden Sie mit Ihrer Stimme den Grundton summend. Finden Sie dann den Idealton, und stimmen Sie sich darauf ein. Jedes Chakra hat auch einen Oberton, der Oktaven höher liegt.

37

Wie man eine
„sich selbst verwirklichende Ursache" schafft

Eine sich selbst verwirklichende Ursache ist eine innere Wirklichkeit, die mit mir selbst im Ein-Klang ist, ohne irgendwelche inneren Hindernisse. Sie ist eine individuelle Realität, die nur noch nicht im Außen in Erscheinung getreten ist, weil ich meine Aufmerksamkeit bisher nicht darauf gelenkt habe. Sie steht in keinerlei Widerspruch zu einer anderen Ursache, die ich bereits gesetzt habe, sie steht auch nicht im Widerspruch zu meiner Überzeugung und meinem Glauben. Sie muss aber weder mit meinen bisherigen Erfahrungen übereinstimmen noch sich an ihnen orientieren. Es ist eine Ursache, die im Ein-Klang steht mit meinem Sosein, mit meinem Bewusstsein. Es genügt, dass ich meine Aufmerksamkeit darauf richte, um sich zumeist unmittelbar zu manifestieren.

Mitunter geschieht das noch während Sie Ihre Aufmerksamkeit darauf richten. Manchmal verwirklicht sich diese Ursache auch als Chance, als Idee, Impuls, Zufall, Gelegenheit, als Weg, der zur Erfüllung führt. Folgen Sie dem allerdings nicht, geschieht nichts mehr.

Eine solche „sich selbst verwirklichende Ursache" kann bewusst oder unbewusst gesetzt werden. Hinter JEDEM Teil Ihrer individuellen Realität steht nämlich eine solche „sich selbst verwirklichende Ursache", die Sie bewusst, meist jedoch unbewusst, geschaffen haben. Jede auf diese Weise selbst geschaffene Realität bleibt bestehen, bis Sie sie erlebt haben.

Weigern Sie sich aber, eine solche selbstgeschaffene Realität zu erleben, weil Sie sie unbewusst schufen, vielleicht durch Ihre Angst oder weil Sie inzwischen Ihren Standpunkt geändert haben, bleibt diese Schöpfung solange bestehen, bis Sie sie bewusst erlebt haben. Jede Weigerung erschafft sie neu, das sollten Sie sich stets vor Augen halten. *Setze ich eine Ursache, werden dadurch ALLE latenten Hindernisse aktiviert.*

38

Das Bewusstsein auf einen bestimmten Aspekt des Seins richten

Indem wir unser Bewusstsein auf einen bestimmten Aspekt des Seins richten, setzen wir damit die höchste Kraft des Universums in Tätigkeit, ohne jedoch eigenwillig ein bestimmtes Ergebnis zu verursachen.

Diese Technik ist ein wesentlicher Bestandteil des geistigen Heilens. Es handelt sich jedoch weder um Denken noch um Fühlen, es erfolgt weder eine Analyse noch wird ein Vergleich angestellt. Es ist ein besonderer Bewusstseinszustand.

Leider wird dieser Zustand oft mit Konzentration verwechselt. Konzentration jedoch ist ein rein mentaler Prozess, bei dem die Aufmerksamkeit ausschließlich auf ein Objekt gerichtet wird. Wenn wir jedoch versuchen, unsere Aufmerksamkeit intensiv auf eine bestimmte Sache zu richten, werden wir sehr bald bemerken, dass unsere Aufmerksamkeit abschweift und durch Gedanken und Gefühle abgelenkt wird, und dass es recht schwierig ist, unser Bewusstsein daran zu hindern, bald hierhin, bald dorthin zu wandern. Doch selbst wenn es uns durch beständiges Üben gelingen sollte, ist diese Form der Konzentration für die Änderung eines bestimmten Zustandes von geringem Wert, da sie sich auf die mentale Ebene beschränkt.

Voraussetzung für die Heilung, Selbstheilung oder die Änderung eines bestimmten Zustandes ist jedoch, in einer Art konzentrativer Entspannung sein Bewusstsein auf einen bestimmten Aspekt zu richten und es dort zu halten. Das kann als Akt des Willens beginnen, sobald jedoch Herz und Bewusstsein gleichgerichtet sind, hört jeder eigene Wille auf, und wir stellen unseren Willen in den Dienst des Einen, der einen Kraft, die wir GOTT nennen.

Wir richten also unser Bewusstsein mit ungeteilter Aufmerksamkeit auf eine bestimmte Sache, öffnen dieser Sache unser Herz und nehmen sie in unser Herz hinein, hüllen sie ein in unsere Liebe und halten sie dort fest, solange bis eine Wirkung geschieht. Das Tagesbewusstsein, der Verstand und der Wille können sich dabei mit ganz anderen Dingen befassen. Herz und Bewusstsein aber bleiben versunken in die Betrachtung dieser einen Sache.

Durch das gerichtete Bewusstsein tritt der Heiler in Verbindung mit der „Wirklichkeit hinter dem Schein" und beginnt, die Dinge wieder so zu sehen, wie sie wirklich sind, während sich sein Herz und sein Bewusstsein im Gleichklang befinden.

So kann man ein Problem betrachten oder einen Schmerz, kann sich und andere heilen oder etwas Verlorenes wiederfinden, man kann eine Situation heilen oder verstehen lernen, einen Mangel beseitigen, den richtigen Partner anziehen oder die Partnerschaft in Harmonie bringen. Man kann sogar seine Zukunft heilen, den Sinn des Lebens erkennen oder seinen Weg, seine Aufgabe oder den nächsten Schritt. Man kann seine Vergangenheit und seine Schuldgefühle auflösen, eine Prüfung bestehen oder einen Parkplatz finden oder Kraft zur Bewältigung einer Aufgabe bekommen. Man kann sich selbst finden, sein wahres Selbst.

Wir gehen einfach hinein in das, was uns bewegt, in dem unerschütterlichen Glauben an die ideale Lösung jeglicher Situation in unserem Leben. Denn die Schöpfung oder Gott hat die absolute Macht darüber. Und ich bekomme soviel Erfüllung, wie ich annehmen und glauben kann.

Die Anwendung dieser Technik ist nichts anderes als die Rückkehr zur Sicht der Dinge, wie sie wirklich sind, um selbst so zu sein, wie wir gemeint sind. Das geschieht dadurch, dass wir wieder „heil" werden, die vier Naturen, die wir in uns tragen – die spirituelle, mentale, emotionale und physische Natur – zu einer harmonischen Einheit verschmelzen und aus dieser harmonischen Einheit heraus im Einklang mit der Schöpfung handeln. Also erkennen, wie wir wirklich sind und das Universum so sehen, wie es wirklich ist. Mit anderen Worten: unser geistiges Erbe antreten und die Fülle in Besitz nehmen.

39

Der Weg

Wir richten zunächst unsere Aufmerksamkeit auf das Licht in unserem Inneren, dann gehen wir hinein in dieses Licht. In diesem Licht erkennen wir vor uns eine Wiese und gehen hinein in diese Wiese. Wir gehen zu unserem Lieblingsplatz, machen es uns bequem und schauen den Wolken zu. Wenn wir ganz gelöst sind, schließen wir die Augen und richten unsere Aufmerksamkeit auf eine bestimmte Sache, öffnen unser Herz und nehmen die Sache liebevoll hinein.

Unser Herz und unser Bewusstsein verschmelzen in Liebe mit dieser einen Sache oder einem Menschen, einer Situation, und wir lenken die höchste Kraft des Universums darauf, setzen sie in Tätigkeit um und lassen sie wirken.

40

Wohlstands-Bewusstsein

Sie kennen das sicher aus eigener Erfahrung. Sie wollen Wohlstand oder Geld und praktizieren intensiv positive Gedanken, Sie kleben überall Zettel hin mit der Behauptung: Ich bin reich. Sie wiederholen das immer wieder in Ihrem Bewusstsein. Aber weshalb machen Sie das alles, wenn Sie glauben, dass es „stimmt"? Und wenn Sie in Wirklichkeit glauben, dass es „nicht stimmt", was soll das dann alles?

Wenn Sie wirklich zu einem Wohlstandsbewusstsein kommen wollen, machen Sie zunächst eine Liste Ihrer Überzeugungen, Wohlstand, Erfolg und Geld betreffend, und zwar negative *und* positive. Das könnte wie folgt aussehen:

Ich will Geld – Erfolg – Wohlstand.
Nur schlechte Menschen sind erfolgreich und kommen zu Geld, ich aber bin ein guter Mensch.
Ich will kein schlechter Mensch sein, also KANN ich gar nicht erfolgreich sein, zu Wohlstand und Geld kommen.

Oder: Als Frau kann ich nicht viel verdienen.
Ich will schon, aber die Umstände erlauben es nicht.
Ein Reicher kommt nicht in den Himmel, ich aber will in den Himmel kommen, also darf ich nicht reich werden, denn Geld verdirbt den Charakter.
Ich will mir aber meinen Charakter nicht verderben, also ...

Und schon habe ich mich durch diese Negativ-Bejahungen selbst überzeugt und glaube, dass es besser ist, keinen Erfolg zu haben, nicht im Wohlstand zu leben und kein Geld zu besitzen.
Zu allererst muss ich mir geistigen Wohlstand schaffen, dann tritt er in der Realität in Erscheinung.

41

Das „dritte Auge"

Das „dritte Auge" ist nicht Teil des physischen Körpers, sondern ein „geistiges Organ". Aber es befindet sich an einer bestimmten Stelle im physischen Körper, zwischen den Augenbrauen, etwas höher in der Stirn. Ist das dritte Auge aktiviert, erkennt man in jeder Situation die „Wirklichkeit hinter dem Schein". Sie erkennen sofort, ob jemand die Wahrheit sagt, ob er glaubt, die Wahrheit zu sagen, ob er bewusst lügt und wie die Wahrheit lautet. Das gilt auch für das Lesen mit dem dritten Auge. Das dritte Auge ist das „Tor zur höheren Spiritualität". Mit dem dritten Auge erkennen Sie auch Ihr „Wahres Sein" und identifizieren sich nicht mehr mit Ihrer Persönlichkeit. Aber Sie können sich so in jeden anderen „hineinversetzen", wahrnehmen, denken und fühlen wie der andere.

Ein Weg, das dritte Auge zu aktivieren, ist, meine männliche und weibliche Energie in Ein-Klang zu bringen, mit dem Herzen zu denken und mit dem Kopf zu fühlen. Je aktiver das dritte Auge ist, desto näher liegt es bei den physischen Augen. Der erste Schritt ist die Verschmelzung von männlicher und weiblicher Energie, der letzte Schritt die Vereinigung der menschlichen mit der göttlichen Energie. Das dritte Auge hat seine Wurzel im HARA, im Bauch. Diese Wurzel aber kann unterentwickelt oder blockiert sein oder überbetont.

Machen Sie bitte einmal folgende Übung: Schließen Sie die Augen, und fangen Sie an zu „beobachten". Dadurch beginnt das dritte Auge sich zu öffnen. Sobald die Energie des Sehens nicht mehr zu den physischen Augen fließt, wird sie frei für das geistige Sehen. Es ist das Umschalten vom Sehen zur Wahrnehmung. Die Energie des

Sehens fließt durch das dritte Auge. Das Wahrnehmen mit geschlossenen Augen ist Nahrung für das dritte Auge. Dabei richten Sie die Aufmerksamkeit auf die Stelle zwischen den physischen Augen. Lassen Sie dabei den Raum zwischen den Augen allumfassend werden, dann „sieht" das dritte Auge das Unendliche. Ist das dritte Auge voll aktiviert, hört der Körper auf, Befehle zu geben und fängt an zu gehorchen. Die Grenzen von Raum und Zeit hören auf, eine Rolle zu spielen, und Sie leben in der Wahrnehmung. Nur mit dem dritten Auge können wir „verändernd schauen".

42

Das „Tor des Himmels" öffnen – das physische Tor zu einem höheren Bewusstsein

Das physische Tor zu einem höheren Bewusstsein kann bewusst durch Imagination geöffnet werden. Es ist das Corpus Callossum, wo sich das Zentralnervensystem mit dem Gehirn verbindet. Wer hindurchgeht, erkennt die Geheimnisse des Lebens unmittelbar, erlebt den Durchbruch zur befreienden Einsicht, lebt von da an im kosmischen Bewusstsein. Er erkennt sich als „Ebenbild Gottes" und geht den Weg der ungeteilten Aufmerksamkeit. Er lebt im Meisterbewusstsein und im „unpersönlichen Leben". Erst der auf diese Weise „Vollendete" ist der wahre Mensch.

Universelles Denken heißt, geistesgegenwärtig, in der ständigen Wahrnehmung der Wirklichkeit leben und in konzentrativer Entspannung mit seinem Tun verschmelzen. Es heißt auch leben in und aus der Intuition, leben im Meisterbewusstsein und als Ebenbild Gottes. Erst der so „Vollendete" ist der wahre Mensch, er erkennt das Ganze als sich selbst: „Ich bin die Welt, ich bin ALLES, ich bin zurückgekehrt ins wahre Leben."

43

Die „Kunst des Genießens"

Die Kunst des Genießens bedeutet, in das „Geheimnis des Lebens" einzutreten. Können Sie Ihr Leben wirklich genießen? Erleben sie bewusst die vielen Kleinigkeiten, die jeder Tag bietet? Erkennen Sie JEDEN Tag als ein neues Abenteuer, das noch nie da war und auch nie wieder kommen wird?

Bitte merken Sie sich:
- Lebensfreude, Leichtigkeit und Glück sind nicht abhängig von irgendwelchen Umständen.
- Alles ist immer so leicht oder so schwer, wie ich es nehme.
- Mein Leben ist so schön, wie ich es mir mache.
- Die Leichtigkeit des Seins beginnt JETZT.
- Sie können JETZT anfangen, JEDEN Augenblick zu genießen.
- Genießen Sie auch die schwierigen Szenen im Film des Lebens.
- Machen Sie sich für Genuss resonanzfähig.
- Leben Sie in der Zeitlosigkeit, *alterslos.*
- Bleiben Sie sich selbst treu.
- Die Frage ist nicht, wie alt man wird, *sondern wie man alt wird.*
- Entdecken Sie die „Schönheit des Handelns".

Der Mensch wurde geboren, um in der Fülle zu leben. Und das geschieht, sobald er von seiner Vollmacht Gebrauch macht.

Gestalten Sie auch den Platz, an dem Sie täglich viele Stunden arbeiten, persönlich. Verwischen Sie die Grenze zwischen Arbeit und Privatleben, schaffen Sie um sich eine lebensfrohe Atmosphäre, und bringen Sie auch in Ihren Berufsalltag Originalität und Stil. Machen

Sie Freundlichkeit und Aufgeschlossenheit zu Ihrer inneren Haltung. Erwarten Sie nicht, dass die anderen auch so sind, sondern seien Sie freundlich, damit Sie sich in sich wohler fühlen. Zelebrieren Sie einen kultivierten Lebensstil. Sie haben gerade herausgefunden, was es heißt, ein Lebenskünstler zu sein – nämlich jemand, der fortgeschritten ist, in der „Kunst zu leben", denn Leben ist wirklich eine Kunst. Die meisten Menschen existieren und funktionieren nur, *fangen SIE an zu leben.*

Meditieren Sie einmal wie folgt:
Ich erhebe das Zentrum meines Bewusstseins in das „dritte Auge", in den Mittelpunkt der Stirn, und aktiviere so meine innere Wahrnehmung. Ich erkenne die Wirklichkeit hinter dem Schein. Und nun verlege ich das Zentrum meines Bewusstseins über meinen Kopf und nehme mich, die Welt und das Leben von diesem Punkt außerhalb meines Körpers aus wahr. Ich erkenne, ich bin nicht im Körper, sondern der Körper ist in mir. Ich bin nicht der Körper, nicht der Verstand und nicht mein Gemüt, ich bin nicht der Name, den ich trage und nicht die Rolle, die ich spiele. Ich bin der, der die Gedanken denkt und die Gefühle fühlt. Ich bin Bewusstsein, ich bin der bewusste Schöpfer meiner sämtlichen Lebensumstände. Ich bestimme die Gesundheit meines Körpers, sein Aussehen und seine Vitalität. Mein Körper ist vollkommen gesund, so wie das Selbst, das ICH BIN, vollkommen gesund ist. Ich benutze meine Schöpfungskraft, um diesen Körper nun in Erscheinung treten zu lassen.

Als ICH SELBST bin ich auch eins mit dem Informationsfeld des Allbewusstseins. Alle Informationen stehen mir zur Verfügung, und ich erkenne, worauf ich mein Bewusstsein zu richten habe. Ich erkenne die Antwort auf jede Frage, ich erkenne das Problem und die Lösung. Wenn ich eine Frage habe, brauche ich sie mir nur bewusst zu machen, und das Leben antwortet mir sofort. Und ich erkenne, ich habe alles Wissen der Welt, sogar das noch nicht offenbarte, in mir. Dort wartet es seit ewigen Zeiten darauf, dass ich es abrufe.

44

Das ganze Universum ist mein Körper

Ich bin ALLES,
ICH BIN wieder ganz bewusst der ICH BIN,
ICH BIN.

Ich bin bereit, als bewusster Schöpfer die Schöpfung mitzugestalten. Von nun an bestimme ich nicht nur mein Schicksal, sondern das Schicksal eines immer größeren Teils des Universums, bis ich mich als Ganzes erkannt habe und dieses Ganze bestimme.

In diesem Bewusstsein gehe ich von nun an durch mein Leben, und wohin ich auch komme, wird die Welt lichter und liebevoller durch mein Sosein. In diesem Bewusstsein nehme ich Informationen auf, und in diesem Bewusstsein kehre ich nun wieder zurück an die Oberfläche des Seins, zurück ins HIER und JETZT. Wenn ich bereit bin, öffne ich meine Augen, gestatte meinem Körper, sich wieder frei zu bewegen, bin wieder ganz im Hier und Jetzt, aber ich bin hier als der, der ich wirklich bin: vollkommenes, ewiges Bewusstsein.

46

Der Weg zur Erleuchtung
– Erleuchtung als reale Erfahrung

Unzählige Menschen haben sich die Frage gestellt, was „Erleuchtung" überhaupt ist, um so den Sinn des Daseins zu erkennen. Zahllose Menschen haben versucht, Erleuchtung zu erreichen, aber nur wenige haben sie in den letzten 5000 Jahren tatsächlich erreicht. Und selbst bei denen, die behaupteten sie erreicht zu haben, ist es nicht sicher, ob sie tatsächlich die höchste Form der Erleuchtung erlangten.

Die Idee von der Erleuchtung hat die natürliche Evolution in Stress und Frustration verwandelt. So wie der kleine Mann sein Häuschen haben will, so will der Suchende Erleuchtung HABEN. Aber auch wer Erleuchtung haben will, lebt nicht stimmig. Wenn Sie glücklich und in Harmonie mit sich und der Welt sind, ist es Ihnen gleich, ob man diesen Zustand Erleuchtung nennt oder nicht.

Doch die meisten Suchenden suchen ständig nach dem nächsten Schritt, dem besten Buch, dem wirkungsvollsten Seminar, dem hilfreichsten Lehrer, dem perfektesten Guru und der letzten befreienden Erkenntnis. Anstatt zu prüfen, was sie selbst tun könnten, um in diese lebendige Erfahrung zu kommen, schieben sie einem Vermittler der Wahrnehmung diese Aufgabe zu. Kommt es dann trotzdem nicht zum erhofften Erlebnis der Erleuchtung, wenden sie sich ab und suchen den nächsten Vermittler, um mit ihm das Spiel zu spielen: „Du bist mein Befreier." Vielleicht sollten wir uns deshalb einmal fragen, WER da eigentlich Erleuchtung sucht.

Erleuchtung ist unser ganz natürlicher Zustand. Erleuchtet zu sein heißt, voll bewusst seine wahre Natur zu erkennen und aus ihr heraus zu leben. Das Erleben der Erleuchtung führt zu vollkommener Freiheit. Das Geheimnis besteht darin zu erkennen, dass in Wahrheit kein Mensch der Erleuchtung bedarf, dass es nichts zu erreichen oder zu überwinden gilt. Dass das Ziel aller spirituellen Arbeit an sich oder mit anderen zusammen darin besteht zu erkennen, dass wir seit jeher erleuchtet sind. Sie waren immer erleuchtet, Sie sind JETZT, in diesem Augenblick, erleuchtet, und Sie werden immer erleuchtet sein. Erleuchtung ist Ihr wahres Wesen!

Bisher regierte die Vorstellung, Erleuchtung sei nur über Weltentsagung zu erlangen, darüber, alles aufgeben zu müssen, ein Bettelgewand zu tragen und sich eine Glatze zuzulegen. Den ganzen Tag nur zu meditieren und das Kloster zu putzen. Und natürlich dabei sexuelle Enthaltsamkeit zu üben. Das war der alte Weg, aber der ist sicher nicht jedermanns Geschmack. Und darum wurde dieses Thema für Europäer zum Tabu.

Außerdem hat nach allgemeiner Auffassung Erleuchtung etwas mit dem Himalaja und Asien zu tun, wir aber sind Europäer und stehen mitten im Berufsleben. Dadurch ist das Thema nochmals tabu, weil wir uns für zu unwürdig und zu unheilig halten, als dass dieses Thema etwas mit uns zu tun haben könnte. Wir schließen die Augen und wollen nichts davon wissen, das Thema Erleuchtung ist und bleibt tabu für uns. Aber würden wir Europäer wissen, was Erleuchtung wirklich ist, nämlich höchste seelisch-geistige Reife und höchste Intelligenz jenseits der Dualität, so wären wir sehr aufgeschlossen für das Thema und sogar sehr daran interessiert.

46

Erleuchtung ist ganz anders ...

Zum Thema „Erleuchtung des Geistes" gibt es unzählige unterschiedliche Aussagen und viele falsche Vorstellungen. Allein über das Thema „falsche Vorstellungen zur Erleuchtung des Geistes" könnte man ein ganzes Buch schreiben. Hier drei der am meisten verbreiteten falschen Vorstellungen:

Erleuchtete befinden sich immer, also ununterbrochen, in einem Zustand der Erleuchtung. Erleuchtete sind aber nur während der Phase der Erleuchtung im Erleuchtungszustand, und dieser Zustand dauert nur drei Wochen mit einer dreitägigen Hochphase. Danach fällt der Vorhang der „Maha Maya" wieder, und das Leben geht normal weiter. Nur ändert sich jetzt das Leben des Erleuchteten revolutionär zu einem „Leben im Licht". Das ist ein Schutz für den Erleuchteten. Denn wir könnten in einem immerwährenden Zustand der Erleuchtung nicht normal weiterleben. Der Jubel, die Freude, die Liebe und die Glückseligkeit, die dann aus uns strahlen würden, wären für normale Menschen, für die das Leben noch weitgehend verdunkelt ist, unerträglich. Wir befinden uns als Erleuchtete in einer anderen Dimension des Erfassens und Erlebens von Wahrheit. Auch würde der Körper das gar nicht so lange aushalten können, nach erfahrungsgemäß längstens drei Wochen fällt deshalb der Vorhang wieder, und nach der Erleuchtung des Geistes ist alles genau wie vor der Erleuchtung, nur eben doch total anders.

Ein Erleuchteter hat keine Wut mehr. Er steht jenseits jeglicher Gefühle, befindet sich in einem permanenten Glückszustand. Das ist zur Hälfte falsch und zur Hälfte richtig. Ein Erleuchteter hat über einen längeren Zeitabschnitt nach der Erleuchtung kaum negative, emotionale Anhaftungen. Das ist also richtig. Außerdem hat er gelernt, alle Ereignisse nur als Erscheinung aufzufassen, und das wird er hoffentlich auch weiter üben, um emotional klar und rein zu bleiben. Jedoch kommt ganz sicher der Zeitpunkt, wo er wieder der Situation angepasste, „normale" Gefühle bekommt. Aber seine Wut ist dann keine zerstörerische mehr, wie dies bei uns meistens der Fall ist, sondern seine Wut ist der Situation angepasst. Erleuchtete der höchsten Stufen „entleiden" allerdings total, ihr Geist wird völlig leer, wie dies zum Beispiel bei Erreichen des Nirvana-Bewusstseins der Fall ist. Wurden die hohen Ziele der Selbstverwirklichung erst einmal erreicht, dann sind lange Glückszustände der Seele ein völlig normaler Bewusstseinszustand.

Viele Menschen auf „dem Weg" glauben, erst nach fünf, nach zehn oder noch mehr Leben, also Inkarnationen, erleuchtet zu werden. Es existieren religiöse Richtungen, die ihren Anhängern erklären, die Erleuchtung komme erst nach einhundert Leben. Aber Erleuchtung ist das große Erwachen im HIER UND JETZT und wenn nicht hier und jetzt, dann auch nicht nach hundert Leben. Wie sollen wir denn nach 43 Inkarnationen wissen, dass wir noch 57 weitere Leben lang meditieren müssen, um erleuchtet zu werden? Und wie sollen wir wissen, wann die hundert Leben vorbei sind? Vielleicht sind ja die hundert Leben längst vorbei, ohne dass wir es wissen, und JETZT, *in diesem Leben*, ist der Zeitpunkt des Erwachens gekommen. Oder weiß jemand so genau, vor wievielen Leben er „den Weg" angefangen hat zu gehen?

Vom höheren Bewusstsein her gibt es keine Zeit, und darum ist der Zeitpunkt des Erwachens entweder HIER UND JETZT oder niemals.

Wer erleuchtet ist, leidet nicht mehr. Nach der Löschung unseres privaten Karma-Dramas, also nach der ersten Erleuchtung des Geistes jenseits der Dualität, hört zwar mehr als die Hälfte des Leidens auf. Jedoch müssen wir jetzt lernen, sehr positiv und liebevoll mit unserem Geist umzugehen.

Nach der letzten Erleuchtung des Geistes hört das Leiden total auf und Glückseligkeit ist der normale Bewusstseinszustand. Aber solange noch irgendjemand hier auf der Erde leidet, leidet jeder subtil mit. Denn nach der höchsten Erleuchtung bist du alles, was ist. Wird ein Hund getreten, so wirst du getreten. Du hast die Wahrheit des Einigseins mit allem, was ist, erfahren. Alles ist *ein* Geist, und du hast gesehen, dass der größte Wahn dieser Welt der Ich-Wahn ist.

Erleuchtung ist also nicht das Eintreten in eine neue Erfahrung, sondern die Erkenntnis dessen, was ist. Erleuchtung ist auch nicht das Vollbringen außergewöhnlicher Dinge, sondern sie besteht darin, das, was gerade zu tun ist, außergewöhnlich, das heißt vollkommen, zu tun. Für einen Erleuchteten gibt es auch keine persönlichen Dinge mehr zu tun, sondern im Einklang mit der Schöpfung und dem Augenblick lässt er das, was zu tun ist, durch sich geschehen. Nach der Erleuchtung ist nichts anders, nur die Ansicht von sich selbst unterscheidet sich von der Zeit vor der Erleuchtung. Durch die Erleuchtung werden die inneren Sinne dem Menschen bewusst und verbinden den äußeren Menschen mit dem inneren.

Erleuchtung zu erleben ist der größte Beitrag, den wir für die Welt tun können, und jeder von uns hat während dieser Inkarnation die Möglichkeit, Erleuchtung zu erleben. Erleuchtung ist, wenn Sie erkennen, dass Sie nichts WERDEN können, was Sie nicht schon längst sind. Aber Sie können es jederzeit „in Erscheinung treten lassen", zum Beispiel JETZT!

Stellen Sie sich einmal vor, Sie wären Buddha. Sie sitzen unter dem Boddhi-Baum, sind eins mit allem, sind erleuchtet, und als dieses erleuchtete Bewusstsein schauen Sie nun auf Ihre derzeitige Situation, auf diesen Augenblick, auf die Aufgabe, sich Ihrer Erleuchtung bewusst zu werden und sie zu verwirklichen. Was ist zu tun? Erkennen Sie in diesem Bewusstsein in sich die Antwort. Und setzen Sie sofort in die Tat um, was Sie erkennen.

Ihre Aufgabe NACH der Erleuchtung ist es, das erleuchtete Bewusstsein in den Alltag zu bringen, ohne es zu verlieren. Und wenn das geschafft ist, andere daran zu erinnern, dass auch sie bereits erleuchtet sind.

47

Was ist „Einweihung"?

Einweihung heißt: Gott in mir zeigt mir das Universum und seine Gesetzmäßigkeiten.

Erleuchtung heißt: Ich erkenne meine wahre Natur, erkenne mich als das Universum.

Leben als Meister heißt: Ich bin angekommen und lebe als Angekommener. Ich habe vielleicht noch den gleichen Beruf und den gleichen Partner, aber ich habe mich verändert, und so ist alles anders, ich bin meinem Partner ein anderer Partner, ich übe den Beruf als ein anderer anders aus usw.

Ich werde bei mir selbst Schüler und ergründe das Geheimnis „ich selbst".

Bin ich bereit, mich JETZT für MICH SELBST zu entscheiden? Bereit, einfach „hervorzutreten" als der, der ich wirklich bin und mein endgültiges Wesen zu erkennen? Wenn jemand sein wahres Selbst erkannt hat, wird er dadurch „selbstlos", eigentlich „ich-los".

Wenn Sie von sich sagen, dass Sie noch nicht erleuchtet seien, sollten Sie sich fragen, wie Sie darauf kommen. Was lässt Sie das glauben? Ist es Ihre Identifikation mit Ihrer Persönlichkeit, mit Ihrem Ego, die Sie das glauben lässt? Denn das Ego ist tatsächlich nicht erleuchtet und hat auch keine Chance, es jemals zu werden, aber das ist nicht Ihr Problem. Lassen Sie sich von der Frage führen: Was ist Erleuchtung? Wer bin ich wirklich? Stellen Sie alle Antworten wieder in Frage, und finden Sie „die Antwort hinter der Antwort".

48

Kriterien der Erleuchtung

Jahre der Vorbereitung, des Ringens um „Erinnerung".
Die Wirklichkeit offenbart sich. Einsicht nehmen in die Akasha-Chronik, den Urgrund des Seins.
Das „innere Licht", das innere Feuer, erstrahlt für Sekunden oder Stunden – oder für immer.
Erleben der All-Einheit – Gottes Unmittelbarkeit.
Freude und Seligkeit im Alltag.
Durchbruch zur „Höheren Wirklichkeit", vom „Ich" zum SELBST.
Außerkörperliche Erfahrungen.
Vom Unbewussten über das „Ich-Bewusstsein" zum Selbstbewussten.

Der Verstand ist in der Lage, ein großartiger Schüler zu sein. Er kann aber auch ein großartiger Lehrer sein, ja sogar ein Genie. Er kann die Schriften kennen und Erleuchtung erforschen, er kann alles über Erleuchtung wissen. Erleuchtung aber kann man nicht „wissen", es gibt nur die direkte Erfahrung. Kenntnisse sind nicht die Wahrheit und ersetzen nicht die Erfahrung, das Erleben. Man kann sich der Wahrheit nicht durch Worte, Bücher, Informationen, Tatsachen oder Erkenntnisse nähern. MAN MUSS SELBST ZUR WAHRHEIT WERDEN! Auf diese Weise kann man nichts über Erleuchtung erfahren, man muss sich selbst als erleuchtet erkennen. Kein Lehrer, kein Meister, ja niemand auf dieser Welt kann Ihnen diese Erfahrung vermitteln, und wenn er es könnte, würde er es nicht tun, aus Respekt vor dem, der Sie sind. Der VERWIRKLICHTE hat nur das Bewusstsein seiner wahren Natur zurückgewonnen und befindet sich wieder in seinem ewigen Urzustand. Die Welt ist nicht länger etwas Gegenständliches oder gar Problematisches, sondern etwas, das vom Selbst ausgeht. Das Selbst, das ICH BIN, ist die Quelle, ist der Ausgangspunkt der Welt.

Samadhi ist nicht identisch mit Verwirklichung, denn Samadhi ist ein Zustand, in den ich eintreten kann und den ich wieder verlassen kann. Verwirklichung kann ich aber nicht verlassen. Sie äußert sich in einem Gefühl der ungeheuren Erleichterung, der Freiheit und Leichtigkeit, und einer umfassenden Liebe für alles, was ist. Es ist das Bewusstwerden des ewigen Lebens in sich, die Erkenntnis, dass ALLE Menschen unsterblich sind, dass sie nur unglücklich sind, weil sie vergessen haben, wie glücklich sie von ihrem wahren Wesen her sind. Eine neue Art Wissen erscheint, Wissen durch Einssein. Man weiß alles über eine Sache, weil man die Sache selbst ist. Das Bewusstsein kann sich auf JEDEN Punkt der universalen Wirklichkeit richten und hat sogleich ein inniges Wissen darüber, welches alle Überlieferung und Wissenschaft überschreitet.

Christus ist ein zeitloser transpersonaler Zustand des Seins, in den wir zurückkehren. Jesus mahnte uns, ihm zu FOLGEN, das heißt, seinen Zustand mit ihm zu teilen und in eine neue Welt einzutreten, in eine Welt des supramentalen Christusbewusstseins. Er forderte uns nicht auf zu Christen, sondern CHRISTUS zu werden. Er forderte uns auch auf zu „bereuen". Das aramäische Wort, das er benutzte, war „tob". Das bedeutet „zurückkehren", wieder in Gott „einkehren" und nicht nur zu sagen, dass einem etwas Leid tut.

Ein Erleuchteter ist im Ein-Klang mit sich selbst, aber nicht unbedingt auch mit seiner Vergangenheit. Das ist nur der Weg, der ihn zu sich selbst geführt hat und deshalb für ihn ohne Bedeutung. Indem ein Meister sein Bewusstsein auf sein Tun lenkt, verleiht er ALLEM eine besondere Bedeutung. Er lebt in der Zeitlosigkeit, in der „Ewigkeit des Augenblicks".

Ein Erleuchteter weiß, dass NICHTS erreichbar ist, weil alles schon erreicht ist. Wäre Gott erreichbar, dann hieße das, dass ich vorher außerhalb von Gott gewesen bin, und das ist nicht möglich. Ich kann Gott nicht erreichen, weil ich mich nicht von ihm entfernen kann. So kann ich Vollkommenheit nicht erreichen, weil ich vollkommen bin. Alles, was geschehen kann, braucht soviel Zeit, wie Sie glauben, dass es braucht. In Wirklichkeit kann ALLES nur JETZT geschehen. So ist auch Erleuchtung nur die „Erinnerung an die Wirklichkeit" und keine Veränderung, alles ist wie vorher. Auch Einheit kann man nicht erreichen, weil man sie nicht verlieren kann. Ich kann nicht in die Wirklichkeit „eintreten", weil ich sie nie verlassen konnte. Es gibt nichts zu tun, um der zu sein, der ich bin. So ist auch JEDE Antwort SOFORT da, sobald Sie sich einer Frage bewusst werden. Es braucht bei den meisten nur eine gewisse Zeit, bis ihnen die Antwort bewusst wird. Die wahre Antwort aber ist, wenn die Frage verschwindet.

Hingabe ist in Wirklichkeit nur das Erkennen der Wirklichkeit, das Aufgeben aller Vorstellungen vom Leben und das Erkennen dessen, was ist. Wirklichkeit ist, dass Sie frei sind, erleuchtet sind, am Ziel sind! Sie können sich ganz dem SEIN hingeben. Erleuchtung ist wie eine Geliebte, die immer da ist und wartet, dass man nicht mehr anderweitig beschäftigt ist und sich ihr zuwendet!

Der Begriff von Gott als dem wirklichen Selbst jedes Menschen ist die Grundlage wahrer Spiritualität und echter Mystik. Man kann sie in den Lehren der größten spirituellen Meister der Geschichte finden, und sie stimmt mit der Essenz aller Weltreligionen überein. Sie erscheint wegen des Paradoxons, dass Gott nicht „erreicht", sondern „entdeckt" werden muss, geheimnisvoll.

Die spirituelle Reise besteht nicht darin, etwas zu gewinnen, was man nicht besitzt, sondern in der Zerstreuung der Unwissenheit bezüglich seiner selbst und des Lebens und einem wachsenden Verständnis, das mit dem spirituellen Erwachen beginnt. Gott zu finden bedeutet, zu seinem eigenen Selbst zu gelangen.

Alles weist auf eine Erfahrung hin, bei der der Sucher und das Gesuchte in der Erkenntnis verschmelzen: „Ich bin Gott, und es gibt keinen anderen Gott als mich selbst."

Einige Religionen sagen, dass es viele Götter gäbe, andere wiederum behaupten, es gäbe nur einen Gott, aber dieser Gott befände sich außerhalb von uns. Der Erleuchtete aber weiß, dass es in Wirklichkeit nur *Gott* gibt, das große Wesen, den kosmischen Menschen, und das sind SIE SELBST. Die mystische Reise führte also, um mit den Worten eines Sufi-Dichters zu sprechen, nicht nur bis *zu* Gott, sondern bis *in* Gott. Der wahre Held in diesem kosmischen Drama ist Gott, verkleidet als jede Einzelseele und bestrebt, sein wirkliches Wesen zu begreifen.

Stellen Sie sich bitte einmal folgende Fragen:
- Warum eigentlich wollen Sie Erleuchtung erlangen?
- Wo haben Sie diese Idee von der Erleuchtung her?
- Wollen Sie sich auf die Suche nach Erleuchtung machen, auch wenn Sie dadurch viel Leid erfahren würden?
- Was glauben Sie ist zu tun, um Erleuchtung zu erlangen?
- Dass Sie fasten müssen, um erleuchtet zu werden?
- Dass Sie in die Berge ziehen und in einer Höhle wohnen müssen?
- Dass Sie ein Masochist werden müssen, um sich selbst zu quälen?
- Dass Sie tausenderlei Dinge praktizieren müssen, die aus dem Verstand kommen und nicht über den Verstand hinausgehen können?

In Wahrheit gibt es keine Erleuchtung ohne Vergnügen. Lassen Sie das zu Ihrer goldenen Regel werden: Gott kommt durch Freude, Gott kommt, wenn Sie glücklich sind, überaus glücklich. Gott fließt in jene Herzen, die froh sind. Gott kommt zu denen, die tanzen, lachen, singen, lieben usw. Lassen Sie Ihr Lachen Ihr Gebet sein!

49

Bewusstheit und Spiritualität

Es ist sehr wichtig, sich einmal den Unterschied zwischen Bewusstsein und Spiritualität vor Augen zu führen. Spiritualität ist eine bestimmte Energie, die uns mit unserem Wesenskern verbinden kann, mit der Quelle in uns. Bewusstsein ist Achtsamkeit und Offenheit für ALLE Energien. So ist der spirituelle Weg nicht unbedingt auch ein Weg zu größerer Bewusstheit. Wir können uns durchaus spirituell entwickeln, uns völlig mit der spirituellen Seite unseres Seins identifizieren, und dabei die anderen Bereiche unseres Seins vernachlässigen. Wir können ein spirituelles Leben führen, während unser Körper, unsere Emotionen, unsere Partnerschaft und unsere wirtschaftliche Situation völlig aus dem Gleichgewicht geraten. Bewusstheit dagegen heißt, Entwicklung aller Aspekte unseres Seins, so wie ein Baum nach ALLEN Seiten gleichzeitig wächst. Bewusstheit heißt auch, auf dem Weg zu sein zu sich selbst und damit zur Vollkommenheit. Den spirituellen Teil unseres Seins kennen zu lernen, ist ein wichtiger Teil der Bewusstseinsreise, aber eben nur ein Teil. Unsere Aufgabe ist es, alle Teile bewusst zu erleben. Das größte Abenteuer ist deshalb, *wirklich zu leben, bewusst mehrdimensional zu leben.*

Das betrifft den Ort: zu Hause, am Arbeitsplatz, im Urlaub, im Theater, in einem Konzert, wo auch immer.

Das betrifft die Zeit: beim Arbeiten, nach Feierabend, am Wochenende, beim Ausruhen usw.

Das betrifft den Raum: in diesem Leben, in der Vergangenheit, in der Zukunft, „zu Hause" usw.

Die meisten Menschen leben in der heutigen Zeit getrennt von sich selbst, getrennt von ihrem wahren Sein. Sie streben nach Erfolg, nach Geld, nach Macht, widmen sich ihrer Karriere, um darin den Sinn des Lebens zu finden, und finden doch nur Leere und Enttäuschung. Nur sehr wenige haben im Laufe der Jahrtausende auf dem spirituellen Weg das abgesteckte Ziel, eine Art „Erleuchtung", erreicht, die darin bestand, sich ganz mit ihrem spirituellen Selbst zu identifizieren und frei zu werden von menschlichen Bedürfnissen. Die meisten starben früh, oft nach schweren körperlichen Leiden. Die große Mehrheit aber kommt gar nicht erst soweit und bleibt, durch die Trennung zwischen dem Physischen und dem Spirituellen, irgendwo auf dem Weg stecken, hin- und hergerissen von den Bedürfnissen des Geistes und ihres Egos. Sie sind voller Zweifel und fühlen sich als Versager, statt den erleuchteten Zustand zu erreichen.

Wohin das führt, wenn man einseitig nur dem materiellen Weg folgt oder sich ganz auf den spirituellen Weg konzentriert, kann man in den westlichen Industrieländern sehen, die den rein materiellen Weg beschreiten, und den Ländern der Dritten Welt, die mehr dem spirituellen Weg folgen. In den westlichen Industrieländern herrscht Wohlstand, aber geistige Armut, in den Ländern der Dritten Welt mit ihren starken spirituellen Traditionen aber herrscht im materiellen Bereich Chaos und extreme Armut. Keiner dieser beiden Wege bietet für sich allein eine Lösung für die vielen Probleme, denen wir uns heute gegenüber sehen. Es ist deshalb Zeit zu erkennen, dass wir beide Wege gleichzeitig gehen müssen, wenn wir Harmonie und Vollkommenheit erreichen wollen.

Die materielle Ebene ist kein Fehler der Schöpfung, und unser Körper mit seinen Bedürfnissen ist keine Falle, der man entrinnen sollte, sondern eine unverzichtbare Ebene unseres wahren Seins, die dadurch zum Ausdruck gebracht wird. Wir haben deshalb die Aufgabe, unseren Körper zu „durchgeistigen" und unseren Geist zu „verkörpern".

Wir sind nicht nur hierhergekommen, um so schnell wie möglich wieder von hier zu verschwinden. Wir sind hier, um unser wahres Sein in der Materie zu spiegeln und zum Ausdruck zu bringen. Unsere Aufgabe ist es, beide Ebenen zu einer Erfahrung zu verschmelzen. Dazu gehört, dass wir uns unseres geistigen Ursprungs voll bewusst sind und uns liebevoll dem ganzen Spektrum unserer menschlichen UND göttlichen Erfahrung öffnen. Es wird Zeit, ALLES als Teil der EINEN WIRKLICHKEIT zu erkennen und anzunehmen. Dabei sollten wir auch nie den Einfluss unterschätzen, den dieser Schritt in *unserem Bewusstsein* auf das *Gesamtbewusstsein der Menschheit* hat.

50

Ein Gleichnis

Es war einmal ein Fisch, der wollte wissen, wo das Wasser ist. Er hatte soviel davon erzählen hören, aber keiner konnte ihm sagen, wo denn das Wasser eigentlich sei. Wenn er einen anderen Fisch fragte, dann sagte der: „Ich kann dir sagen, wo es etwas Gutes zu fressen gibt, ich kann dir auch sagen, wo es etwas Interessantes zu sehen gibt, aber Wasser, wer will schon Wasser!" Eines Tages traf er einen anderen Fisch, der auch auf der Suche nach dem Wasser war, und so beschlossen sie, gemeinsam zu einem alten weisen Fisch zu schwimmen und ihn zu fragen. Als sie bei dem alten weisen Fisch eintrafen, sagten sie: „Alter weiser Fisch, du weißt alles, sage uns bitte, wo das Wasser ist." Und der alte weise Fisch antwortete: „Überall wo du bist, ist Wasser, Wasser ist dein Element, Wasser ist dein Leben. Ohne Wasser wärest du kein Fisch. Wenn du atmest, dann atmest du das Wasser. du kannst nur schwimmen, weil das Wasser überall ist. Wasser ist überall in dir und um dich herum."

Die beiden Fische bedankten sich und schwammen wieder nach Hause. Unterwegs sagte der eine Fisch zum anderen: „Findest du nicht auch, dass das, was der alte weise Fisch gesagt hat, sehr schön war?" „Ja", erwiderte der andere, „mir hat das auch sehr gut gefallen, aber weißt DU jetzt, wo das Wasser eigentlich ist? Ich weiß es immer noch nicht!"

51

Nicht als ICH ins SELBST gehen

Leider gehen viele als „Ich" ins SELBST, sie nehmen die Illusion mit in die Wirklichkeit. Allmählich reduziert sich das SELBST wieder auf das „Ich", und alles ist wie zuvor. Was bleibt, ist nur eine schöne Erinnerung.

Was wir aber tun können, ist, das SELBST mit in die verschiedenen Illusionen zu nehmen, aus der Mitte in die verschiedenen Aspekte zu gehen wie Persönlichkeit, Partnerschaft, Berufung, Körper, Gemüt, Verstand, Alltag, Unsterblichkeit usw. Gehen Sie also zunächst einmal ganz in Ihre Mitte, in die Selbst-Identifikation.

Und nun gehen Sie einmal ALS SIE SELBST in Ihren Körper. SIE SELBST sind unsterblich. Wenn SIE SELBST im Körper sind, ist auch Ihr Körper unsterblich. Bewohnt aber das sterbliche „Ich" den Körper, stirbt auch der Körper.

Nun gehen Sie einmal als SIE SELBST in Ihren Beruf, und erkennen Sie bewusst Ihre Berufung. Sie wissen wieder, was zu tun ist. Dann gehen Sie mit dieser Erkenntnis wieder heraus und ruhen in sich selbst – in Ihrer Mitte. Aus dieser Mitte gehen Sie nun einmal als SIE SELBST in Ihre Partnerschaft. Erkennen Sie, was nicht stimmt, und gehen Sie als SIE SELBST wieder zurück in Ihre Mitte.

Nun gehen Sie einmal ganz bewusst als SIE SELBST in Ihren Verstand, erleben Sie sich als den Denker, der die Gedanken beobachtet, verändert, schafft, und gehen Sie dann wieder zurück in Ihre Mitte.

Gehen Sie nun einmal bewusst in Ihr Gemüt, erkennen Sie, was nicht stimmt, und tun Sie, was zu tun ist. Klären Sie bewusst Ihr Gemüt, und gehen Sie als SIE SELBST wieder zurück in Ihre Mitte.

52

Der Weg als ICH SELBST in die Persönlichkeit

Ich erkenne, ich bin nicht der Körper, nicht das Ego, nicht das Gemüt und nicht die Persönlichkeit.

Ich bin der ICH BIN, ewige Gegenwart, die eine Kraft. Ich bin ein freies Energiefeld und trete durch das Kronen-Chakra aus meinem Körper heraus.

Ich erkenne meine Einheit mit dem Einen, werde mir immer mehr meiner Einheit mit dem Einen bewusst. Einheit verschwindet, ICH bin der Eine, das Ganze, der ALLES.

Als ICH BIN nehme ich jetzt meinen Körper in Besitz, indem ich durch das Kronen-Chakra in meinen Körper wieder eintrete. Ich nehme ganz bewusst die linke Gehirnhälfte mit allen ihren Funktionen in Besitz, dann die rechte Gehirnhälfte und damit die Fähigkeit zur direkten Intuition, schließe meinen Körper an das Informationsfeld des Allbewusstseins an. Der Verstand ist das dabei ausführende Organ des ICH BIN.

Mit meinem Körper trete ich als Ich, als Persönlichkeit, in Erscheinung, denke, handle und fühle mit diesem Körper, aber ICH BIN der EINE, das GANZE, ALLES, ICH BIN. Wenn wir auf unseren Schatten schauen, zeigt uns das, dass wir uns vom Licht abgewandt haben. Sobald ich mich wieder dem Licht zuwende, habe ich ganz von selbst meinen Schatten hinter mir gelassen. Denn der Schatten ist nichts anderes als ein Wegweiser zum Licht, ein Freund und Lehrer auf dem Weg zu mir selbst.

Es kann durchaus eine Wechselwirkung geben zwischen dem, was ich erlebe, und dem, was ich glaube. Obwohl das, was ich glaube, das hervorruft, was ich erlebe, kann das, was ich erlebe, auch das verändern, was ich glaube. Wahr ist für mich, was ich erlebe. Das aber ist abhängig von dem, was ich glaube. Da jeder etwas anderes glaubt, erlebt jeder eine andere Wahrheit. Und jeder hat Recht. Wahrheit ist daher „Ansichtssache", also abhängig vom jeweiligen Standpunkt.

Auch mein Selbstbild ist eine Überzeugung, die ich dann als Realität erlebe. Indem ich das Selbstbild ändere, ändert sich auch meine Erfahrung entsprechend, und damit ändere ich mich.

Es gibt aber auch „unsichtbare" Überzeugungen. Sie schaffen zwar Realität, aber ich kann sie nicht erkennen. Ich kann sie aber sichtbar machen, indem ich von der durch sie geschaffenen Realität ausgehe und mich frage: Welche Überzeugung muss vorhanden sein, um diese Realität hervorzubringen? Und auch: Welchen Beweis habe ich für diese Überzeugung? Welche Überzeugung muss vorhanden sein, um diesen Beweis zu erleben? Denn: *Einem jeden geschieht nach seinem Glauben.*

Die positiven Impulse, die das Negative in mir auflösen, entspringen meinem Glauben. Glauben und Denken sind wechselseitig voneinander abhängig: Ein bestimmter Glaube nährt ein bestimmtes Denken und bringt dieses hervor, während dieses Denken seinerseits den entsprechenden Glauben stärkt. Diesen Prozess gilt es im Negativen zu durchbrechen und im Positiven anzuregen. Wer wirklich glaubt, woran auch immer, setzt dadurch ungeheure Energien frei, die das scheinbar Unmögliche ermöglichen. Der wahrhaft Glaubende hat die Macht, alles zu erwerben oder sich von allem zu trennen. Erst durch den Glauben wird nämlich die Vorstellungskraft mächtig und vollkommen, aber jeder Zweifel schwächt ihre Vollkommenheit. Der Glaube stärkt die Vorstellungskraft, denn der Glaube bringt den Willen hervor.

Ein weiterer wichtiger Grundsatz ist, dass das Denken nicht lasch oder unstet sein darf. Der Glaube darf nicht zaudern oder wanken. Man muss sich ganz auf das konzentrieren, was man erreichen will. Man darf auf keinen Fall heute JA und morgen NEIN denken.

53

ICH BIN

ICH BIN reines, vollkommenes Sein.
Mein physischer Körper ist ein vollkommenes Abbild der Vollkommenheit des Seins, des ICH BIN – er ist heil und gesund.

ICH BIN reines, vollkommenes Sein. Mein Ätherleib, mein Energie- und Vitalkörper sind ein vollkommenes Abbild der Vollkommenheit des Seins, das ich bin. Es ist gesund und vital.

ICH BIN reines, vollkommenes Sein. Mein Emotionalkörper, mein Gemüt, ist ein vollkommenes Abbild der Vollkommenheit des Seins, das ich bin. Mein Gemüt ist in vollkommener Harmonie und stark wie ein Fels in der Brandung.

ICH BIN reines, vollkommenes Sein. Mein Mentalkörper, mein Denkinstrument, ist ein vollkommenes Abbild der Vollkommenheit des Seins, das ich bin. Er ist vollkommen klar.

ICH BIN reines, vollkommenes Sein. Mein Kausalkörper ist ein vollkommenes Abbild der Vollkommenheit des Seins, das ich bin. Er ist rein und klar und in vollkommener Harmonie.

ICH BIN reines, vollkommenes Sein. Mein Buddhi, der Seelenkörper, ist ein vollkommenes Abbild der Vollkommenheit des Seins, das ich bin. Meine Seele ist rein und voller Liebe.

ICH BIN reines vollkommenes Sein. Das Bewusstsein, das ich bin, ist ein vollkommenes Abbild der Vollkommenheit des Allerhöchsten. Ich bin ein „Ebenbild Gottes".

So werde ich vom Sucher zum Finder. Sucher suchen ewig, Finder finden ständig. Dann erkenne ich, dass es in Wirklichkeit kein Ziel gibt. Jedes scheinbare Ziel ist nur ein Orientierungspunkt am Horizont, der meinem Weg die Richtung weist. In Wirklichkeit ist der Weg das Ziel und das scheinbare Ziel nur das Ende des Weges, aber gleichzeitig auch der Anfang eines neuen Weges. So erkenne ich auch, dass es sinnlos ist, so schnell wie möglich am Ziel sein zu wollen, und ich genieße den Weg. Wenn ich so gefunden habe, ist meine Suche zu Ende. Es gibt hier nichts mehr zu suchen, weil ich am Ziel bin, weil die „Sünde", die Trennung von mir selbst beendet wurde. Es gibt nichts mehr zu tun, nur noch zu SEIN.

Und ich erkenne: VOLLKOMMEN zu sein, heißt vollkommen ZU SEIN. Das „Spiel des Lebens" hat nur den Sinn mir zu helfen, das Geheimnis meines WAHREN SEINS zu entdecken. Daran erinnere ich mich. Dazu brauche ich mich nicht zu bemühen, nicht an mir zu arbeiten, mich nicht zu ändern, denn ich bin vollkommen. Ich brauche nicht zu streben, nicht zu wollen, noch etwas zu erreichen. Ich muss nur **ERKENNEN, WAS IST UND SCHON IMMER WAR.**

54

Ich bin das Ziel,
also braucht es keinen Weg

Ich brauche nicht mehr „vorwärts" kommen.
Es ist unwichtig, Erleuchtung zu erlangen.
Ich brauche nicht besser, edler, größer, höher oder idealer werden.
Es gibt keinen Maßstab, wie ich sein muss und was ich tun soll.

Worauf es allein ankommt, ist, im Ein-Klang mit mir und meinem Leben zu sein, und das in JEDEM Augenblick. Es ist unwichtig, was ein anderer jetzt in meiner Situation tun würde. Auch Moral, Tugend und Ideale sind unwichtig. Worauf es ankommt, ist, nur die Zeitqualität in jedem Augenblick zu erkennen und zu erfüllen. Zu erkennen, welches mein nächster Schritt ist. Gehe ich ihn nicht, komme ich sofort in Disharmonie, weil ich nicht MEINEN Weg gehe und MEIN Leben lebe. Ich stimme dann nicht mehr mit dem Fluss meines Lebens überein und lebe unstimmig.

Aber ICH kann IN JEDEM AUGENBLICK auf MEINEN Weg zurückkehren – MIT EINEM EINZIGEN SCHRITT. Indem ich beginne, nicht Gutes zu tun, sondern das Richtige. Es ist auch unwichtig sagen zu können: Ich habe alles getan. Wozu auch? Es genügt völlig, JETZT das Richtige zu tun. Ich muss mit mir selbst übereinstimmen, nicht meiner Vorstellung folgen. Tue ich das nicht, entferne ich mich von mir, bin ich im gleichen Augenblick „neben mir". An der Stelle, an der ich aufgehört habe meinen Weg zu gehen, MUSS ich ihn auch wieder fortsetzen, denn sonst komme ich ja nicht wirklich weiter.

Ich erfülle den Augenblick, indem ich mich frage:
Was gibt es JETZT FÜR MICH zu tun?
Wie muss ich leben, damit ich STÄNDIG STIMMIG lebe?
Ich darf nicht mehr sagen: „Das hat mir nichts gebracht", denn
NICHTS „bringt" mir etwas.
Die richtige Frage muss deshalb lauten: „Weshalb bin ich hier?"
Ich muss die konkreten Konsequenzen erkennen und befolgen.
Daraus folgt: Ich erkenne – ich tue – ICH BIN!

55

DAS SEGNEN – vom „Segen des Segnens"

Ein Segen, der in die Welt gesandt wird, ist die reinste und feinste Form von Gedankenenergie und bewegt die stärkste Kraft des Universums, die göttliche Liebe. Diese unendliche Kraft der Liebe ist da und wartet nur darauf, von einem Schöpfer in Tätigkeit umgesetzt zu werden.

Das Gesetz des Segnens lautet:
Was immer ich ehrlichen Herzens segne, ist im gleichen Augenblick gesegnet. Die Macht des Segens beginnt sofort, segensreich zu wirken. Was immer ich ehrlichen Herzens segne, muss mir zum Segen werden. Segne ich einen „Feind", gewinne ich einen Freund.

Die Form des Segnens ist unbedeutend. Ich kann den Segen sprechen, kann ihn denken oder fühlen. Was zählt, ist nur die „Ehrlichkeit des Herzens". Ich kann segnen auch einfach „geschehen lassen" oder Segen als Licht imaginieren. Alles, was ist, kann ich segnen. So könnte ich von nun an jeden Menschen segnen, der mir begegnet, und so jedem zum Segen werden. Ich könnte gleich damit beginnen und den segnen, den ich am wenigsten mag.

Ich kann aber auch jedes Ding und jede Situation segnen. So segne ich meinen Körper, und wenn mir ein Teil des Körpers Schwierigkeiten macht, dann segne ich diesen Teil des Körpers oder das Organ, aber niemals die Krankheit. Ich kann meinen Beruf segnen, mein Haus und ganz besonders meine Familie. Ich kann mein Auto segnen oder mein letztes Geld. Ich kann Freund und Feind, Stadt und

Land segnen, alles, was mein Leben ausmacht, und alles wird mir zum Segen werden.

Ich kann sogar GOTT segnen, also mein wahres Selbst, und so wird Gott mir ständig zum Segen. Ich kann von nun an ein „gesegnetes Leben" leben und jedem, der mir begegnet und allem, was ist, zum Segen werden.

Ich kann erkennen: Wir haben das Paradies nie verlassen. Das richtige Bewusstsein lässt mich im Himmel leben, gleich HIER und JETZT.

56

Die MEISTERSCHRIFT
vom vertrauten Geist

Der „große Pfad" ist nicht schwierig für den, der nichts wünscht und nichts zurückweist. Wo keine Vorliebe ist und keine Abneigung, da wird alles klar und unverstellt. Aber macht man nur den kleinsten Unterschied, dann sind Himmel und Erde getrennt für immer.

Wenn Sie die Wahrheit sehen wollen, seien Sie nicht voreingenommen für oder gegen irgendetwas. Der Gegensatz zwischen dem, was Sie wollen, und dem, was Sie nicht wollen, das ist die Krankheit des Geistes.

Den Sinn zu suchen mit dem unterscheidenden Verstand ist der größte aller Fehler. Wenn Sie Ihre Unruhe zügeln wollen, um Ruhe zu erlangen, treibt Sie genau diese Anstrengung in die Unruhe. Solange Sie in dem einen oder anderen Extrem bleiben, werden Sie das All-Eine nie erkennen. Halten Sie nicht einmal fest an diesem Einen. Sogar wer an der Vorstellung der Erleuchtung hängt, geht in die Irre. Wenn Sie den einen PFAD gehen wollen, lehnen Sie selbst die Welt der Sinne und Ideen nicht ab. Sie wirklich voll anzunehmen ist sogar dasselbe wie wahre Erleuchtung.

Wer nicht den einen PFAD lebt, verläuft sich in der Bewegung und in der Ruhe, im Bejahen und im Verneinen. Wer glaubt, die Dinge seien nicht wirklich, verfehlt ihre Wirklichkeit. Wer glaubt, die Dinge seien leer, verfehlt ihre Wirklichkeit. Je mehr du redest und darüber nachdenkst, desto weiter entfernst du dich von der Wahrheit.

Für den geeinten Geist auf dem PFAD hört alles selbstbezogene Streben auf. In dieser Welt des Soseins gibt es kein Selbst und kein Nicht-Selbst.

57

Die Klärung der verschiedenen Identitätsebenen

Irgendwann frage ich mich, wer ich bin – wer ich WIRKLICH bin. Ich kann mich vor einen Spiegel stellen und sagen: Das ist mein Körper. Und ich erkenne, ich bin nicht der Körper, ich bin der, der sagt, dass das mein Körper ist. Aber ich erkenne auch, ich bin auch nicht mein Verstand, mein Gemüt. Ich bin der, der denkt und fühlt. Aber wer ist das?

Dann erkenne ich, dass ich eine Persönlichkeit habe. Diese Persönlichkeit hat bestimmte Eigenschaften, von denen mir manche nicht gefallen, und ich ersetze sie durch erwünschte Eigenschaften. Ich lege meine Ungeduld ab und werde geduldig. Ich beende meine Hast und lege mir eine heitere Gelassenheit zu. So werde ich liebevoll, harmonisch, verständnisvoll, gütig usw. Ich habe mich sehr zu meinem Vorteil verändert. Vielleicht sagt man mir, ich sei schon sehr weit auf dem geistigen Weg. Aber solange ich mich noch mit meiner Persönlichkeit identifiziere, mag sie auch noch so angenehm sein, bin ich gar nicht auf dem geistigen Weg.

Und ich erkenne, ich bin der, der diese Persönlichkeit gewählt hat und der sie jederzeit verändern kann. Ich spiele noch verschiedene Rollen, ich bin Sohn oder Tochter, Schulkamerad, Freund oder Freundin, Liebhaber oder Geliebte, bin Vater oder Mutter, Angestellter oder Chef, Rentner oder Invalide. Das sind alles verschiedene Rollen, die ich spiele.

Und irgendwann erkenne ich die Möglichkeit, meine Persönlichkeit ganz abzulegen, und dann beginnt das „unpersönliche Leben". Ich erkenne, ich bin Bewusstsein, reine Energie. Ich bin auch nicht

„mein hohes Selbst", denn auch das ist eine Identität, durch die ich in Erscheinung trete. Ich bin der, der als hohes Selbst in Erscheinung tritt. Ich gestalte den Körper, benutze meinen Verstand, trete durch eine Persönlichkeit in Erscheinung, aber ich bin Bewusstsein.

Und irgendwann erkenne ich, ich bin auch nicht Bewusstsein, ich HABE Bewusstsein. Ich bin reine Existenz, die Quelle, der Ursprung. Ich habe eine Individualität, aber ich bin der EINE, das Ganze, der Alles. Und als reine Existenz wähle ich bewusst eine Identität, trete als eine bestimmte Persönlichkeit in Erscheinung und spiele verschiedene Rollen – aber ICH BIN ganz bewusst der ICH BIN. In diesem Bewusstsein lebe ich „stimmig". Sobald ich stimmig bin, bin ich im Selbst. Sobald ich mein Bewusstsein auf das „stimmig sein" richte, bin ich schon fast drin.

Eine praktische Übung:
Meinen Atem bewusst stimmig werden lassen – es atmet mich.
Ich mache mir eine Entscheidung bewusst, die zu treffen ist, gehe ins „stimmig sein", bewege die Frage in mir. Spüre ganz deutlich, was stimmt.
Warum bleibe ich nicht im „stimmig sein"? Was zieht mich wieder heraus?
Bin ich stimmig, dann bin ich ganz im Hier und Jetzt, im Ein-Klang mit dem Leben. Bin ich aber nicht stimmig, bin ich gar nicht dort, wo Leben stattfindet.
Zum „stimmig sein" gehört zunächst:
ALLES loslassen, was nicht mehr wirklich zu mir gehört: Ärger, Sorgen, Angst, Stress, Verhaltensmuster, Karma, Persönlichkeit, Identität. Dazu gehört auch das Loslassen der Hilfsmittel wie Meditation, Übungen, Disziplin, Streben, Wollen.
Ich höre auf, an mir zu arbeiten, mich zu bemühen, zu kämpfen, zu streben, zu wollen, „vorwärts" kommen zu wollen, denn wo sollte das denn sein?

Das gilt auch für den Verstand. Ich lasse ihn los, denn der Verstand kann mich nicht über den Verstand hinausführen. Mit dem Verstand kann ich keine Erleuchtung erfahren.

Das gilt auch für meine Identität, denn sie ist Illusion. Welches Hilfsmittel brauche ich, um der zu sein, der ich BIN? Sobald ich „angekommen" bin, brauche ich keine Hilfsmittel mehr.

Das Leben ist ein Spiel, also beginnen Sie, es zu SPIELEN. Wann immer Sie sich gerade nicht freuen, machen Sie einen Fehler.

Durchgeistigen Sie Ihren Körper, indem Sie den Geist verkörpern.

Definieren Sie exakt Ihr Problem, Ihre Aufgabe, den erwünschten Endzustand, erkennen Sie alle verursachenden Überzeugungen. Welche Überzeugung muss jemand haben, der dieses oder jenes Problem hat?

Befreien Sie sich aus dem „Gefängnis der Gegebenheiten". Lassen Sie alle Ursachen für Ihr Problem los. Lassen Sie aber auch Ihre bisherige Identität los, die das Problem verursacht hat und es sofort wieder erschaffen würde.

Erkennen und lösen Sie alle unsichtbaren Überzeugungen auf, die den erwünschten Endzustand verhindern.

Ein Beispiel: Ich will viel Geld.
Meine Überzeugung: Um soviel Geld zu verdienen, müsste ich meinen Umsatz verdreifachen. Welche Überzeugung muss jemand haben, um diesen erwünschten Endzustand zu schaffen?

Identifizieren Sie sich mit der dazu erforderlichen Identität und beenden Sie die „Hypnose der Realität". Erkennen Sie die „Wirklichkeit hinter der Realität". Realität wartet darauf, von einem Schöpfer gestaltet zu werden.

Schaffen Sie alle den erwünschten Endzustand verursachenden Überzeugungen und glauben Sie felsenfest daran. Glauben Sie nicht mehr, was Sie sehen, sondern was sein soll. Glauben Sie den erwünschten Endzustand herbei.

Das alles hat zwei wichtige Vorteile:
Es werden so automatisch auch Kreationen aufgelöst, an die ich im Einzelnen gar nicht gedacht hätte, einfach, weil sie nicht mehr zu meiner neuen Identität gehören.

Ich muss also nicht an alle Details und Konsequenzen denken, denn die werden durch den Identitätswechsel automatisch korrigiert. Damit wird ein Nachteil in einen Vorteil verwandelt, nämlich auch nur punktuell Dinge zu verändern, statt umfassend, wie es durch den Identitätswechsel geschieht.

Die erforderliche Identität ist leicht zu finden, ich brauche mir nur denjenigen vorzustellen, für den der erwünschte Endzustand ganz natürlich ist, lasse meine bisherige Identität los und identifiziere mich mit dem, für den das Erwünschte ganz natürlich ist.

Weiterer Vorteil: Bleibt die Identität bestehen, zu der eine bestimmte Kreation gehört und wird nur die Kreation geändert, kreiert die Identität den aufgelösten Umstand stets wieder neu. Deshalb behaupten viele, dass sich etwas zwar zunächst ändert, dann aber wieder in seinen alten Zustand zurückkehrt. Die Quelle einer nicht erwünschten Kreation ist erst beseitigt, wenn die verursachende Identität gewechselt ist. Dann kann der unerwünschte Umstand auch nicht wieder kreiert werden, da er zu der neuen Identität nicht gehört, also schon nach dem Gesetz der Resonanz gar nicht mehr angezogen werden kann. Unerwünschtes wird erst so wirklich und endgültig aufgelöst!

58

Permanente Transformation der Umstände

Entwicklungsstufen:

1.) VERNEINEN
Das ist keine annehmbare Wirklichkeit für mich.

2.) ÜBER MICH SELBST HINAUSWACHSEN UND
DORT BLEIBEN
Ans „kosmische Netz" gehen und in der Kraft bleiben.

3.) HEILUNG STÄNDIG GESCHEHEN LASSEN
Als ICH BIN diesen Körper bewusst in Besitz nehmen. Das
„Geheimnis immerwährender Gesundheit".

4.) EINTAUCHEN IN DIE INTUITION UND
IN UND AUS DER INTUITION LEBEN
Ständig auf Empfang bleiben und damit Entscheidungen „treffen". In der „Wahrnehmung der Wirklichkeit" bleiben.

5.) ENERGIEN AKTIVIEREN
Ich kann bewusst jede beliebige Energie in mir aktivieren und
wirken lassen wie etwa Freude, Klarheit, Liebe, Leichtigkeit,
Vitalität, Erfüllung, Erfolg, Wohlstand auf ALLEN Ebenen,
Heilung usw., und löse so bewusst alles „Unheil" auf.

6.) STÄNDIG RUHEN IM TUN
Je anstrengender die Tätigkeit, desto tiefer meine Ruhe.

7.) VERÄNDERND BETRACHTEN
Das Bewusstsein richten auf Umstände, Beziehungen, Situationen, Ereignisse usw., bis die erwünschte Veränderung geschehen ist.

8.) EREIGNISSE HERBEIGLAUBEN
Glauben lernen und die Macht des Glaubens bewusst einsetzen.

9.) WANDELN
Probleme in Chancen, Unstimmiges in „stimmig sein" usw.

10.) DAS „TOR DES HIMMELS" ÖFFNEN UND
OFFEN HALTEN
Ständiges universelles Denken und damit zur rechten Zeit am rechten Ort das Richtige tun.

11.) SICH „RESONANZFÄHIG" UND
„MAGNETISCH" MACHEN
Sich mit dem erwünschten Endzustand „in Ein-Klang" bringen. Was ziehe ich derzeit an mit meinem Sosein?

12.) DIE „INDIVIDUELLE ZEITLINIE"
Erwünschte Ereignisse JETZT an dem gewünschten Zeitpunkt festmachen.

13.) LEBEN IN DER ZEITLOSIGKEIT
Durch die „Tür des Augenblicks" treten.

14.) DIE „KUNST DES ZELEBRIERENS" NUTZEN
Das Ziel loslassen – den Weg genießen. Leben in der „Leichtigkeit des Seins".

15.) DIE HAUPTROLLE IN MEINEM LEBEN SPIELEN
Denn: Einem jeden geschieht nach seinem Glauben.

59

Das „Geheimnis der Wandlung"

Wandlung ist ein Weg, auf dem man JEDES Spiel im Leben gewinnen kann. Denn SIE bestimmen die Richtung, in die sich ein Ereignis oder eine Situation entwickelt. Das ist der Weg der *bewussten* Wandlung.

Ganz gleich, was gerade in Ihrem Leben geschieht, machen Sie sich bewusst, dass Sie daraus einen Erfolg machen können. Nehmen Sie das zu wandelnde Ereignis in Ihr Bewusstsein, und stellen Sie sich mindestens drei Möglichkeiten vor, wie daraus für Sie ein Erfolg werden kann. Leben Sie jede dieser Möglichkeiten ganz lebendig und in allen Einzelheiten durch, und beenden Sie jede dieser Vorstellungen mit einem starken Gefühl der Dankbarkeit dafür, dass Sie wieder einmal Erfolg hatten.

Das Gefühl der Dankbarkeit ist besonders wichtig, damit nicht unbewusst der Gedanke auftaucht: „Hoffentlich klappt es auch diesmal." Dieser Gedanke des Zweifels würde das Ergebnis ins Gegenteil verkehren. Dankbar aber ist man für etwas, das man bereits erhalten *hat*, und so geschieht Wandlung in Richtung Erfolg. Bestimmen Sie mit Ihrer Vorstellung genau, welche Art Erfolg Sie wünschen, und es wird genau so geschehen. Sie können so JEDEN Misserfolg in einen Erfolg umwandeln. Noch besser ist es, gar nicht erst einen Misserfolg abzuwarten, sondern gleich Erfolg in einer Sache zu verursachen.

60

Erinnerung an mich selbst

Ich nehme mich einmal ganz bewusst wahr,
nehme meinen Körper wahr,
nehme mein Werkzeug Körper ganz bewusst in Besitz.
Ich durchdringe und erfülle meinen Körper bis in die letzte Zelle mit Bewusstsein,
nehme meinen Körper überall gleichzeitig wahr.

Nun mache ich mir meinen Atem bewusst.
Ich atme ganz ruhig und gleichmäßig ein und aus.

Nun konzentriere ich die Vielfalt meiner Gedanken auf einen Punkt.
Ich beobachte meinen Atem.

Nichts verändern – einfach nur beobachten.
Ich lasse alles andere ganz bewusst los.
Kommt ein anderer Gedanke, sage ich:
„Jetzt nicht, jetzt beobachte ich meinen Atem."

Ich atme mit meinem ganzen Körper,
atme auch mit meinem Gehirn und über meinen Körper hinaus.
Ich erlebe ganz bewusst: „Es atmet mich."
Nicht „ich" atme, sondern „es atmet mich".

Dann lasse ich auch „mich" los.
Ich bin reine Wahrnehmung und lasse den Atem einfach geschehen.
Da ist kein Körper mehr, kein Atem, kein „Ich".

Ich erlebe mich als reine Existenz, als vollkommenes Da-Sein.
Ich bin weder dies noch das, nicht einmal mehr Alles, ich bin mit nichts mehr identifiziert.
Es gibt nur reines Da-Sein.

Ich erlebe mich als reine, vollkommene Existenz.
Ich bin pure Bewusstheit – reines Bewusst-Sein.

Als dieses reine Bewusst-Sein kehre ich nun wieder zurück ins HIER und JETZT, zurück in die Gegenwart, in diesen Augenblick. Ich nehme mein Werkzeug Körper ganz bewusst in Besitz und trete wieder als Persönlichkeit in Erscheinung.

Ich spüre, wie Körper und Persönlichkeit erfüllt sind von dieser puren Bewusstheit, spüre, wie diese Bewusstheit Körper und Persönlichkeit ständig verändert, um immer mehr ein vollkommener Ausdruck dessen zu werden, der ich wirklich bin.

61

Der Weg zum Mental-Trainings-Meister

Es ist der Weg von der Persönlichkeit zum Meister, vom „Ich" zum Selbst. Der kürzeste Weg ist zu erkennen, dass ich es bin, immer war und immer sein werde. Es gibt nichts zu tun, nur zu sein. Ich entlasse mich aus der Illusion der Identifikation mit der Persönlichkeit.

Ein Weg ist es, meine Persönlichkeit zu vervollkommnen, an mir zu arbeiten, mich zu verändern, wo ich glaube, dass ich nicht in Ordnung bin. Ich versuche, die Dinge besser zu machen, meine Eigenschaften, mein Verhalten positiv zu verändern. Damit aber gehe ich in die falsche Richtung, damit gehe ich ins Urteil und in die Dualität, weg vom Meister, der ich bin.

Oder ich gehe den Weg der Meditation. Ich suche einen Zustand in mir, wo ich zu Hause bin, der meiner Vorstellung vom Meistersein entspricht oder zumindest nahekommt. Wenn ich diesen Weg konsequent zu Ende gehe, komme ich letztlich ins HIER UND JETZT, komme ich zu mir selbst, zu Bewusstsein. Solange ich etwas finden will, entferne ich mich dadurch davon.

So führt KEIN Weg wirklich ans Ziel, nur zu der Erkenntnis, dass ich immer am Ziel war. So gesehen führt wieder JEDER Weg ans Ziel, einmal schneller, einmal langsamer. Ich muss mich allerdings auf das Ziel einlassen, um anzukommen.

Wenn ich mich aber für die Erfahrung des Weges entschieden habe, hält mich diese Entscheidung an der Erfahrung fest, und ich gestatte mir nicht, am Ziel zu sein. Also trete ich aus der Erfahrung heraus und gehe in die Bereitschaft des Angekommenseins.

Kein Weg ist, irgendetwas TUN zu wollen, um ans Ziel zu kommen. Aber „nichts tun" bringt mich auch nicht ans Ziel. Der Weg des „Nichtweges" ist zu erkennen, und es ist zu erkennen, dass es keinen Weg zur Wirklichkeit gibt. Etwas Unwirkliches kann nicht hingelangen und etwas Wirkliches ist immer dort. Jeder Weg ist an Raum und Zeit und damit an eine Persönlichkeit gebunden.

Scheinbar entsteht ein Weg durch das Fließen des Seins und die scheinbare Veränderung des ewig Unveränderlichen, das jede Form annehmen kann. Dieser scheinbare Weg ist auch nicht linear, sondern geht von einem Mittelpunkt meines Seins immer weiter, bis er allumfassend geworden ist. Und das alles geht nur im JETZT.

So trete ich durch die Tür des Augenblicks in die Ewigkeit des JETZT. Ich schaue aus der „Ewigkeit des JETZT" in Raum und Zeit, aber ich bleibe in der Ewigkeit, nehme teil, ohne ein Teil davon zu werden. Ich bin ein „lediges Gemüt" (Meister Eckehart).

Ich gehe als Gott durch mein Leben. Das beginnt damit, dass ich loslasse, was nicht mehr wirklich zu mir gehört. Das heißt das zu leben, wozu es in mir „JA" sagt. Auf diesem Weg muss ich mich auch von meinen Idealen trennen, denn diese trennen mich von mir. Über das, was ich nicht bin und was ich loslasse, erkenne ich immer klarer, was ich bin. Wie ein Bildhauer schlage ich weg, was nicht zu meinem wahren Sein gehört. Ich überschreite so eine Identifikation nach der anderen auf dem Weg zu mir selbst.

– Ich schaue auf die Frau oder den Mann in mir und erkenne, ich bin nicht die Frau oder der Mann.
– Ich schaue auf meinen Verstand und erkenne, ich bin nicht der Verstand.
– Ich schaue auf mein Gemüt und erkenne, ich bin auch nicht das Gemüt.

- Ich schaue auf mein Ego und erkenne, ich bin auch nicht mein Ego.
- Ich schaue auf meine Persönlichkeit und erkenne, ich bin auch – nicht meine Persönlichkeit.
- Ich schaue auf meine Rolle und erkenne, ich bin nicht die Rolle, die ich spiele.
- Ich schaue auf meine Position und erkenne, ich bin auch nicht die Position, die ich habe.
- Ich schaue auf meine Vorstellungen und erkenne, ich bin auch nicht meine Vorstellungen.
- Ich schaue auf meine Verhaltensmuster und erkenne, ich bin auch nicht mein Verhalten.

Ich schaue auf meine Ideale und erkenne, ich bin auch nicht mein Ideal. So gehe ich noch einmal durch jede Identifikation in meinem Leben, überschreite sie und lasse sie los. Letztlich bleibt nichts mehr von „mir" übrig. Was aber übrig bleibt, ist ICH BIN-Bewusstsein. Aber nichts von dem, was mich bisher ausgemacht hat. Ich bin das Nichts, das alles ist. Von nun an kann ich alles in Erscheinung treten lassen, weiß alles und bin alles.

Ich erlebe nun einmal ganz bewusst, wie die eine Kraft in meinem Körper, in dieser Zeit, sich an meinem Platz als ICH SELBST zum Ausdruck bringt. Ich erlebe so mein ewiges Sein und mein zeitliches Sosein ganz bewusst gleichzeitig, schließe bewusst den Kreis von Dualität und Einheit. Wenn ich so ganz ICH SELBST bin, gibt es keinen Alltag, der mich wieder herausholen könnte. Mein Alltag ist ein Spiegelbild von mir selbst.

So gehe ich einmal ganz bewusst als Gott in die einzelnen Umstände meines Lebens, erlebe einmal *als Gott* eine Stress-Situation in meinem Beruf. Ich erlebe, wie mich das nicht mehr berührt, wie ich mit heiterer Gelassenheit durch mein Leben gehe.

Ich stelle mir einmal vor, ich werde krank – *als Gott*. Ich erkenne und befolge die Botschaft und löse bewusst die Ursache auf und erlebe Krankheit als einen heilsamen Umweg auf dem Weg zu mir selbst.

Ich erlebe einmal, wie mein Partner mich verlässt – *als Gott*. Erkenne, dass ich nichts verlieren kann, das wirklich zu mir gehört, dass ich aber auch nichts halten kann, was nicht mehr zu mir gehört. Kommt es zu einer Trennung, dann nur deshalb, weil sich die Partnerschaft erfüllt hat, und ich bin dankbar für die Zeit, die wir miteinander erlebt haben, für den Weg, den wir gemeinsam gegangen sind – *und lasse los*.

Auf die gleiche Weise erlebe ich einmal bewusst meine spirituelle Entwicklung, die vor mir liegt – *als Gott*. Ich gehe achtsam durch mein Leben und tue, was zu tun ist. Ich begehre nichts und weise nichts zurück, sondern nutze alles, was mir begegnet, als Freund und Lehrer auf meinem Weg, in der Erkenntnis, dass mir alles nur dienen und helfen will.

Ich spüre, wie ich durch diese Erkenntnis immer leichter und freier werde, wie mein Bewusstsein immer lichtvoller wird und wie ich mehr und mehr zum Segen werde für die Welt und jeden Menschen, der mir begegnet.

62

Mein individueller Weg

Viele Lehrer zeigen einen Weg und geben eine Philosophie mit auf diesen Weg. In Wirklichkeit aber gibt es KEINEN Weg, weil ich keinen Weg brauche, um der zu sein, der ICH BIN. Nur als ICH SELBST kann ich meinen Platz in der Schöpfung ausfüllen, und da ich einmalig bin, kann nur ICH diesen Platz optimal ausfüllen, aber eben nur als ICH SELBST.

Das erfordert auch so zu leben, dass ich mich in mir SELBST wohl fühle und Achtung haben kann vor mir SELBST. Dazu brauche ich nur DIESEN AUGENBLICK auszufüllen. Das erfordert keinen Weg, keinen Plan, kein System, keine Schritte. Das JETZT zu erfüllen ist das einzige Ziel.

Jeder Freund, jeder Lehrer oder Meister kann mir immer nur SEINEN Weg sagen und zeigen. Das kann ein guter Weg sein, vielleicht ein ähnlicher wie meiner, vielleicht sogar ein besserer. Der Weg des Meisters kann der optimale Weg sein und doch in die entgegengesetzte Richtung zum Gipfel führen. Indem ich meine Einmaligkeit in jedem Augenblick lebe, ergibt sich MEIN EINMALIGER WEG.

Also ist der Augenblick der Weg, und dieser Weg entsteht, indem Sie ihn gehen. Aber das kann niemand für Sie tun. Ein wirklicher Lehrer hat keine Lehre. Er erinnert Sie nur daran, dass Sie angekommen sind, schon immer am Ziel waren. Was gibt es da noch zu lehren?

So wie ein fliegender Vogel keinerlei Spuren am Himmel hinterlässt, so hinterlässt die wahre Lehre keine Spur in der Erinnerung. Die letzte Wahrheit ist, dass es keine Lehrer gibt und keinen, der etwas lernen müsste.

**Leben Sie deshalb
als wirklicher
Meister!**

L e s e r s e r v i c e

Prof. Kurt Tepperwein persönlich erleben:

Wünschen Sie, tiefer in das Thema dieses Buches einzusteigen und die Chance zu nutzen, Prof. Kurt Tepperwein live zu erleben?

Wir bieten Ihnen die folgenden Seminare und Ausbildungen an:

Seminare:
- ❑ Mentalkybernetik
- ❑ Heile Dich selbst
- ❑ Perlen der Weisheit
- ❑ Erfolgreiche Praxisführung
- ❑ Erfolg-reich-sein
- ❑ Optimales Selbstmanagement
- ❑ Atman (Durchbruch zur Wirklichkeit)
- ❑ Der Tepperwein-Prozess
- ❑ Märchenhaft leben
- ❑ Ferienakademien

Ausbildungen:
- ❑ Dipl. Lebensberater
- ❑ Dipl. Intuitions-Trainer
- ❑ Dipl. Bewusstseins-Trainer
- ❑ Dipl. Seminarleiter

Heimstudiengänge:
- ❑ Dipl. Lebensberater
- ❑ Dipl. Intuitions-Trainer
- ❑ Dipl. Erfolgs-Trainer
- ❑ Dipl. Mental-Trainer
- ❑ Dipl. Seminarleiter
- ❑ Dipl. Mental-Gesundheitsberater

Gesamtprogramm:
- ❑ Gesamtseminar- und Ausbildungsprogramm der IAW
- ❑ Neuheiten der Bücher, Audio- und Videoprogramme von Prof. Kurt Tepperwein

Sie erhalten Ihre gewünschten Informationen selbstverständlich kostenlos und unverbindlich bei:

Schweiz: Internationale Akademie der Wissenschaften (IAW)
St. Markusgasse 11 · FL-9490 Vaduz
Telefon 075 / 233 12 12 · Fax 075 / 233 12 14

Deutschland: Telefon / Fax 0911 / 69 92 47 (Beratungssekretariat)

Dazu ein persönliches Geschenk: Für Ihre Anfrage bedanken wir uns mit der 20-seitigen Broschüre von Prof. K. Tepperwein „Praktisches Wissen kurz gefasst". Bei der Anforderung bitte darauf hinweisen!

ISBN 3-89845-041-4
40 Karten in Faltschachtel
€ [D] 9,90 / sFr 19,00

Kurt Tepperwein
Die geistigen Gesetze

Die meisten Menschen betrachten das Leben als einen Kampf, aber es ist kein Kampf, sondern ein Spiel. Es ist jedoch ein Spiel, das ohne Kenntnisse der »Geistigen Gesetze« nicht erfolgreich und glücklich gespielt werden kann. Prof. K. Tepperwein beschäftigt sich seit Jahrzehnten mit den »Geistigen Gesetzen«, mit den Schicksalsgesetzen, über die berühmte Meister und Philosophen geforscht und gelehrt haben. Das Kartenspiel soll Ihnen helfen, sich mehr und mehr als untrennbaren Teil des großen Ganzen zu fühlen. Nutzen Sie also die »Spielregeln des Lebens« mit den geistigen Gesetzen als Ihren Freund und Begleiter für ein erfülltes Leben.

ISBN 3-931652-51-3
77 Karten in Karton
€ [D] 11,90 / sFr 22,40

Kurt Tepperwein
Herz-Karten

Die Herz-Karten sind sinn-volle Lichtträger, sie bringen mehr Freude, Glück und Liebe in Dein Leben. Sie zeigen Dir in einfacher Weise den Weg vom Hirn-Denker zum Herz-Denker auf. Konzentriere Dich auf Dich selbst, und nimm Dir einige Minuten Zeit, aktive Seelenhygiene zu betreiben. Schließe sanft Deine Augen, und atme einige Male ganz tief ein und aus! Öffne dann sanft die Augen, und ziehe intuitiv Deine Karte. Lies bewusst die Affirmation, und lasse sie in Dein Herz einfließen.

Weitere Karten von Kurt Tepperwein:
Liebes-Karten ISBN 3-89845-011-2 · 77 Karten · € [D] 11,90 / sFr 22,40

ISBN 3-931652-69-6
78 Karten in Karton
€ [D] 10,90 / sFr 20,70

Dick Nijssen
Spirituelle Erkenntnis-Karten

Die Karten können Dir als Unterstützung und Bezugspunkt auf Deiner spirituellen Reise dienen. Die beste Wirkung erzielst Du mit diesen Karten, wenn Du alles über das Thema, in das Du mehr Einsicht haben möchtest, mit einem oder mehreren Menschen besprichst. Wenn Du alles ausgesprochen hast, ziehst Du eine Erkenntniskarte und vertraust den anderen an, was sie tief in Dir bewegt.

Weitere Karten von Dick Nijssen:
Erkenntnis-Karten ISBN 3-931652-39-4 · 78 Karten · € [D] 10,90 / sFr 20,70
Psychologische Erkenntniskarten ISBN 3-931652-58-0 · 78 Karten · € [D] 10,90 / sFr 20,70

Kurt Tepperwein
Leben im höchsten Bewusstsein

Lassen Sie sich mit Gott und der auch in Ihnen wohnenden Göttlichkeit verbinden!

Denn „Leben im höchsten Bewusstsein" heißt auch: Leben in und mit Gott. Prof. Dr. Kurt Tepperwein wird Ihnen zeigen, dass Sie als Teil Gottes im eigentlichen Sinn ja auch Gott sind. Stufe für Stufe werden Sie von ihm mittels praktischer Ratschläge und Übungen zu diesen höheren Erkenntnissen geführt.

Machen Sie von Ihrer so erkannten Göttlichkeit Gebrauch, indem Sie den Willen Gottes zum Ausdruck bringen. Doch vergessen Sie nie: Es geht auch darum, Gott in allem und jedem zu erkennen und zu respektieren.

ISBN 3-931652-03-0
240 Seiten, broschiert
€ [D] 15,90 / sFr 28,50

Kurt Tepperwein
Erfolg Reich Sein
Die dreißig Schritte in ein erfolgreiches Leben

In klaren Worten zeigt der bekannte Professor den Lesern, wie man sein Leben gestalten kann, um ein auf allen Ebenen erfolgreicher Mensch zu werden. Doch zuerst muss man die Grundsteine für seinen Erfolg selber legen. Wie man dabei vorzugehen hat, zeigt dieses Buch in überzeugender und Erfolg versprechender Art und Weise.

ISBN 3-931652-68-8
168 Seiten, broschiert
€ [D] 13,90 / sFr 25,10

Kurt Tepperwein
Hilf Dir selbst, sonst tut es keiner

„Wenn Sie heute sterben würden, an was würden Sie noch hängen? Was würde Ihnen schwer fallen, loszulassen?" – Fragen, die uns bewusst machen, dass wir letztlich alles nur leihweise besitzen, und dass es deshalb umso wichtiger ist, unsere Zeit und Energie den für uns wesentlichen Dingen zu widmen, um ein erfolgreiches und erfülltes Leben zu führen.

Mit wunderbaren Meditationen und Praxistests, wie z.B. einer Methode zur Schmerzauflösung.

ISBN 3-931652-52-1
136 Seiten, broschiert
€ [D] 13,90 / sFr 25,10

Theo Fischer
Das Tao der Selbstfindung

Dieses Buch vom Autor des Bestsellers „Wu wei - die Lebenskunst des Tao" ist eine Lektion in Sachen Hinwendung zur Wirklichkeit. Wer den Mut aufbringt, sich dem objektiven Zustand seines Lebens ehrlich und rückhaltlos zu stellen, wird erleben, dass er damit den Kraftschluss herstellt, der jene Energien freisetzt, mit denen er seine Probleme lösen kann.

ISBN 3-931652-85-8
224 Seiten, broschiert
€ [D] 12,90 / sFr 23,50

Theo Fischer
Wu Wei – Lebenskunst des Tao
Die Antwort auf alle Probleme unseres Daseins ist unfassbar einfach

Wer je im Leben eine tiefgreifende Existenzkrise durchlebt hat, erinnert sich vielleicht, dass die Wende zum Besseren genau in der Phase eintrat, als er sich, vollkommen erschöpft, aufgegeben hatte.

Nicht mehr kämpfen, im Strom der eigenen unendlichen Kraft leben – das meint WU WEI, wörtlich: nicht handeln, nicht eingreifen, sondern uns jener kosmischen Energie anvertrauen, die Laotse einst das TAO genannt hat. Das ist die Weisheit, die dieses Buch lehrt.

ISBN 3-923781-34-2
116 Seiten, broschiert
€ [D] 9,90 / sFr 18,10

Kurt Tepperwein
Dein Zahlenschlüssel

Der Autor macht uns mit der Essenz des uralten numerologischen Wissens vertraut. Durch einen Zahlenschlüssel erfahren wir Entscheidendes über unsere Fähigkeiten und Eigenschaften, die wir aus früheren Leben mitgebracht haben und über unseren »geheimen Persönlichkeitskern«, den wir normalerweise nicht preisgeben. Wir erkennen den Sinn unseres Lebens und unsere Hauptcharaktereigenschaften. Wir haben die Möglichkeit, durch unseren Zahlenschlüssel unser Schicksal selbst zu gestalten und unsere Lebenssituation aktiv zu verbessern.

ISBN 3-931652-19-X
136 Seiten, broschiert
€ [D] 10,90 / sFr 19,70

ISBN 3-89845-048-1
176 Seiten, broschiert
€ [D] 9,90 / sFr 18,10

Franziska Krattinger

Woran Pechvögel hängen und worauf Glückskinder aufbauen

Alles beginnt klein und endet groß!

Franziska Krattinger macht mit vielen Tipps auf das Glück aufmerksam! Viele Stolpersteine, genannt Gewohnheiten, verhindern das dauernde Glück. Glück ist eine bewusste Sache. Glückssache ist, wenn Menschen ihr Glück erkennen. Dieses kleine Buch soll zum Glück vieler Menschen beitragen und mehr Glück in dieser Welt möglich machen. Gedanken für ein glückliches Leben

---

ISBN 3-89845-054-6
160 Seiten, broschiert
€ [D] 9,90 / sFr 18,10

Franziska Krattinger

Erfolgsrezepte

Greife nach den Sternen, wenn du wachsen willst

Menschen leben mit ihren Gewohnheiten und sie wiederholen sich dauernd. Gewohnheiten entstehen aus fixiertem Denken. Um seine Gewohnheiten zu ändern, muss der Mensch zuerst auf andere Gedanken kommen. Andere Gedanken bringen neue Vorstellungen. Neue Vorstellungen bringen neue Lebenssituationen. Die richtige Einstellung macht jeden Menschen zum Gewinner! Franziska Krattinger hilft den Menschen, auf andere Gedanken zu kommen und so ihr Leben mit wahrer Freude, tiefer Liebe und verstärktem Bewusstsein dauerhaft zu verändern. Ein wahrlich ideales Büchlein, das den Menschen den Weg durch den Alltag erleichtert.

ISBN 3-931652-54-8
168 Seiten, gebunden
zweifarbig illustriert
€ [D] 14,90 / sFr 25,80

Olivia Moogk

FENG SHUI – Neun erfolgreiche Strategien für Gewinner

Bislang unbekannt war der Bagua-Imagery-Faktor, der Sie durch neun Bereiche des Denkens führt. Er animiert zur Innenschau und hilft bei der Umsetzung neu gewonnener Erkenntnisse. Für Neueinsteiger in das Thema, wie für professionelle Feng Shui-Consulter, liegt hier der Schlüssel zu dauerhaftem Erfolg. Betreten Sie die neun Erkenntnisräume und sehen Sie, auf welchem Sektor Sie noch Lücken haben und wo Sie sich bereits zufrieden zurücklehnen können. Das Buch bietet viele Inspirationen, wie Sie noch mehr Klarheit und Hilfen für die Umsetzung im täglichen Leben erlangen können.